A MÃO VISÍVEL

MERCADO E REGULAÇÃO

MARIA MANUEL LEITÃO MARQUES
VITAL MOREIRA

A MÃO VISÍVEL

MERCADO E REGULAÇÃO

REIMPRESSÃO DA EDIÇÃO DE JULHO/2003

ALMEDINA
2008

A MÃO VISÍVEL – MERCADO E REGULAÇÃO

AUTORES
MARIA MANUEL LEITÃO MARQUES / VITAL MOREIRA

EDITOR
EDIÇÕES ALMEDINA, SA
Av. Fernão Magalhães, n.º 584, 5.º Andar
3000-174 Coimbra
Tel.: 239 851 904
Fax: 239 851 901
www.almedina.net
editora@almedina.net

PRÉ-IMPRESSÃO | IMPRESSÃO | ACABAMENTO
G.C. – GRÁFICA DE COIMBRA, LDA.
Palheira – Assafarge
3001-453 Coimbra
producao@graficadecoimbra.pt

Julho, 2008

DEPÓSITO LEGAL
198465/03

Os dados e as opiniões inseridos na presente publicação
são da exclusiva responsabilidade do(s) seu(s) autor(es).

Toda a reprodução desta obra, por fotocópia ou outro qualquer
processo, sem prévia autorização escrita do Editor, é ilícita
e passível de procedimento judicial contra o infractor.

Biblioteca Nacional de Portugal - Catalogação na Publicação

MARQUES, Maria Manuel Leitão, 1952-   , e outro

A mão visível : mercado e regulação / Maria Manuel
Leitão Marques, Vital Moreira. – Reimp.
ISBN 978-972-40-1967-3

I – MOREIRA, Vital, 1944-

CDU 346
    339

Freer markets, more rules
Steven K. Vogel (1996)

Aos nossos amigos

NOTA INTRODUTÓRIA

1. *Escrito a duas mãos, este livro colige as crónicas que desde 2001 vimos publicando no "Diário Económico" até ao presente.*

A sua razão de ser mais evidente está expressa na primeira de todas elas: mostrar como a economia de mercado, embora baseada na iniciativa privada e na concorrência, depende primordialmente da regulação pública.

Resta-nos, nesta nota, chamar a atenção para o que pode ser o seu interesse menos visível, mas não menos importante, ou seja, aquele que não diz respeito aos reguladores ou aos regulados, mas sim a todos nós, utentes do mercado, consumidores de bens ou serviços, cidadãos com direitos e obrigações.

Como se garante o fornecimento, a qualidade e a acessibilidade de preço de serviços que são tão fundamentais todos os dias, como a água, a energia, os transportes, a saúde? Deve ser a União Europeia a garanti--lo, o Governo, o município, um regulador independente? Por que razão só existe uma farmácia no meu bairro e não três ou quatro, como acontece com outros estabelecimentos comerciais? Poderei ficar em terra sem apelo nem agravo porque a companhia área se excedeu nas reservas de lugares? A minha factura da revisão do automóvel pode diminuir se a Comissão Europeia incentivar a concorrência no sector? Em que medida é que a liberalização e a privatização do sector público empresarial e dos serviços públicos tradicionais pode preservar o "modelo social europeu", que me permite aceder a certas prestações essenciais nas mesmas condições, quer viva em Lisboa ou em Monção?

Estas crónicas respondem a isso mesmo e falam até de outros aspectos mais secretos do nosso quotidiano. "Amo-te Francisco, Teresa, José, Leopoldo", "Serás a minha princesa, o meu sapo, o meu rei", são SMS que passam às grosas em tantos telemóveis, sustentando uma espécie de comunicação permanente, em contraste com o uso restrito de telecomunicações em monopólio, a que estávamos habituados ainda há tão pouco tempo. É a economia de mercado construída a golpes de regulação. Mas esse diálogo interactivo, que a Internet ampliou, manter-se-á assim por muito tempo, acessível e livre? Que regulação será necessária para garantir essa liberdade, tão incentivadora de inovação, e encontrar os equilíbrios que melhor protegem esse bem comum?

Os textos aqui coligidos têm portanto a ver com o nosso presente, com a nossa capacidade de o entender e de exercer activamente os nossos direitos, mas também com o nosso futuro e a possibilidade que temos de o influenciar. É por isso que gostamos tanto de os escrever, esperando sempre que haja quem goste de os ler.

2. *O título do livro – "A mão visível" – é o mesmo da série de crónicas que lhe deu origem, a que acrescentámos como subtítulo a rubrica do primeiro dos textos publicados.*

Trata-se obviamente de uma glosa da célebre referência de Adam Smith sobre a força reguladora espontânea da "mão invisível" do mercado. Inicialmente não nos demos conta de que a mesma ideia já tinha ocorrido a outros, nomeadamente Alfred Chandler Jr, autor de um livro com o mesmo título em inglês (The Visible Hand, The Managerial Revolution in Americam Business, 1977), *embora com um sentido diferente, centrado sobre o papel dos gestores na condução das empresas no mercado. Por isso entendemos mantê-lo.*

Os textos vão reproduzidos por ordem de publicação e tal como foram publicados, apenas com a correcção de lapsos textuais. Em alguns casos repusemos o título originário, nem sempre inteiramente coincidente com o título "editado" pelo jornal.

Um agradecimento especial é devido ao "Diário Económico" pelo espaço que quinzenalmente nos tem proporcionado (e em especial ao Luís de Barros, a nossa interface mais directa com o jornal), bem como à Almedina, que se encarregou desta publicação.

Coimbra, Junho de 2003

Os autores

ÍNDICE

NOTA INTRODUTÓRIA	5
LISTA DE SIGLAS	11
ECONOMIA DE MERCADO E REGULAÇÃO *Maria Manuel Leitão Marques & Vital Moreira*	13
E AGORA DAVIS? *Maria Manuel Leitão Marques*	17
A REGULAÇÃO DO GÁS NATURAL *Vital Moreira*	21
NEGÓCIOS COM CONSCIÊNCIA? *Maria Manuel Leitão Marques*	25
ENTIDADES REGULADORAS E INSTITUTOS PÚBLICOS *Vital Moreira*	29
A JUSTIÇA À PROCURA DE UMA NOVA CREDIBILIDADE *Maria Manuel Leitão Marques*	33
AS CONCESSÕES MUNICIPAIS DE DISTRIBUIÇÃO DE ELECTRICIDADE *Vital Moreira*	37
"ANTI-TRUST": UMA NOVA ÉPOCA PERMISSIVA? *Maria Manuel Leitão Marques*	43
VERDADES E MITOS SOBRE A REGULAÇÃO DO AUDIOVISUAL *Vital Moreira*	47
DA "PEDRA DA VERGONHA" À EDUCAÇÃO FINANCEIRA *Maria Manuel Leitão Marques*	51
SERVIÇOS PROFISSIONAIS E CONCORRÊNCIA *Vital Moreira*	55
MICROSOFT: A DECISÃO ADIADA AINDA TERÁ EFEITO ÚTIL? *Maria Manuel Leitão Marques*	59
«SERVIÇOS DE INTERESSE ECONÓMICO GERAL» E MERCADO *Vital Moreira*	63

PROCURAM-SE SOLUÇÕES 67
Maria Manuel Leitão Marques

OS PREÇOS DOS BENS E SERVIÇOS PÚBLICOS 71
Vital Moreira

PARTILHAR O RISCO, GARANTIR A SEGURANÇA 75
Maria Manuel Leitão Marques

A QUESTÃO DA FUNÇÃO PÚBLICA 79
Vital Moreira

AS BANDEIRAS VOADORAS 83
Maria Manuel Leitão Marques

LIBERALIZAÇÃO DA ECONOMIA E MERCADO ÚNICO EUROPEU .. 87
Vital Moreira

MUNICÍPIO, EM 91
Maria Manuel Leitão Marques

A NOVA AUTORIDADE REGULADORA DOS SEGUROS 95
Vital Moreira

SEM DOGMAS NEM PRECONCEITOS 99
Maria Manuel Leitão Marques

A REFORMA DA ENTIDADE REGULADORA DAS TELECOMUNICA-
ÇÕES 103
Vital Moreira

MONTI CONTRA MULLER 107
Maria Manuel Leitão Marques

A COUTADA DAS FARMÁCIAS 111
Vital Moreira

DO EXCESSO AO DÉFICE DE REGULAÇÃO: AS FARMÁCIAS E A CONS-
TRUÇÃO CIVIL 115
Maria Manuel Leitão Marques

UMA LEI-QUADRO DA REGULAÇÃO INDEPENDENTE? 119
Vital Moreira

UM RECUO NA "TRANSPARÊNCIA"? 123
Maria Manuel Leitão Marques

UM NOVO FÔLEGO PARA AS «ENTIDADES PÚBLICAS EMPRESA-
RIAIS»? 127
Vital Moreira

DESCONTOS EM RODA LIVRE? 133
Maria Manuel Leitão Marques

LAMENTÁVEL RECUO 137
Vital Moreira,

ACESSO E CONCORRÊNCIA NAS TELECOMUNICAÇÕES 141
Maria Manuel Leitão Marques

A EMPRESARIALIZAÇÃO DE SERVIÇOS PÚBLICOS 145
Vital Moreira

QUEM PODE O MAIS NÃO PODE O MENOS? 149
Maria Manuel Leitão Marques

DE NOVO, O "MALTHUSIANISMO" NAS PROFISSÕES LIBERAIS? 153
Vital Moreira

UMA MOEDA MAIS ÚNICA 159
Maria Manuel Leitão Marques

O NOVO CÓDIGO DO TRABALHO 163
Vital Moreira

OVERBOOKING 167
Maria Manuel Leitão Marques

UM MARCO REGULATÓRIO: A LEI SARBANES-OXLEY 171
Vital Moreira

O "FUTURO DAS IDEIAS" 175
Maria Manuel Leitão Marques

AS ENTIDADES DE REGULAÇÃO SECTORIAL 179
Vital Moreira

UMA NOVA AUTORIDADE PARA A CONCORRÊNCIA 183
Maria Manuel Leitão Marques

A TENTAÇÃO DA "PRIVATE FINANCE INICIATIVE (PFI)" 187
Vital Moreira

O EMPRÉSTIMO RESPONSÁVEL 191
Maria Manuel Leitão Marques

AS AUTORIDADES REGULADORAS E O PARLAMENTO 195
Vital Moreira

QUARENTA ANOS DEPOIS 199
Maria Manuel Leitão Marques

OPORTUNIDADE DESPERDIÇADA 203
Vital Moreira

A RECEITA MÁGICA 207
Maria Manuel Leitão Marques

EM RISCO DE PERDER O COMBOIO 211
Vital Moreira

O ANO DA CONCORRÊNCIA 215
Maria Manuel Leitão Marques

A INDEPENDÊNCIA DA AUTORIDADE DA CONCORRÊNCIA 219
Vital Moreira

A (IN)SEGURANÇA ALIMENTAR 223
Maria Manuel Leitão Marques

AGÊNCIAS REGULADORAS INDEPENDENTES EM XEQUE NO BRASIL   227
Vital Moreira

AS QUOTAS 231
Maria Manuel Leitão Marques

O CABO ABERTO 235
Vital Moreira

OS NOTÁRIOS E A CONCORRÊNCIA 239
Maria Manuel Leitão Marques

A REGULAÇÃO DAS FUNDAÇÕES 241
Vital Moreira

LISTA DE SIGLAS

AACS	– Alta Autoridade para a Comunicação Social
AC	– Autoridade da Concorrência
ADSL	– *Asymmetric Digital Subscriber Line*
AEP	– Associação Empresarial de Portugal
ANACOM	– Autoridade Nacional das Comunicações
ANF	– Associação Nacional das Farmácias
AOL	– America Online
APED	– Associação Portuguesa de Empresas de Distribuição
AR	– Assembleia da República
BP	– Banco de Portugal
CE	– Comunidade Europeia
CECA	– Comunidade Europeia do Carvão e do Aço
CEE	– Comunidade Económica Europeia
CEO	– *Chief Executive Officer*
CIP	– Confederação da Indústria Portuguesa
CMVM	– Comissão do Mercado de Valores Mobiliários
CP	– Caminhos de Ferro Portugueses, EPE
CTT	– Correios de Portugal, SA
DECO	– Associação para a Defesa do Consumidor
DG	– Direcção-geral
DGCC	– Direcção-Geral do Comércio e Concorrência
DT	– Deutsche Telekom
EDF	– Électricité de France
EDP	– Electricidade de Portugal, SA
EM	– Empresa municipal
EPE	– Ente público empresarial
ERSE	– Entidade Reguladora dos Serviços Energéticos
EUA	– Estados Unidos da América
FCC	– Federal Communications Commission
FTC	– Federal Trade Commission
GDF	– Gaz de France
IAPMEI	– Instituto de Apoio às Pequenas e Médias Empresas Industriais

Lista de siglas

IEP	– Instituto das Estradas de Portugal
INA	– Instituto Nacional de Administração
INAC	– Instituto Nacional da Aviação Civil
INE	– Instituto Nacional de Estatística
INFARMED	– Instituto da Farmácia e do Medicamento
INTF	– Instituto Nacional dos Transportes Ferroviários
IPSS	– instituições particulares de solidariedade social
IRAR	– Instituto Regulador das Águas e Resíduos
JAE	– Junta Autónoma das Estradas
ISP	– Instituto dos Seguros de Portugal
IVV	– Instituto da Vinha e do Vinho
NAV	– Empresa Pública Navegação Aérea de Portugal, NAV, EPE
NY	– Nova York
OCDE	– Organização para a Cooperação e Desenvolvimento Económico
OMC	– Organização Mundial do Comércio
PAC	– Política Agrícola Comum
PFI	– *Private Finance Iniciative*
PIB	– Produto interno bruto
PPP	– parceria(s) público-privada(s)
PROCOM	– Programa de Apoio à Modernização do Comércio
PS	– Partido Socialista
PSD	– Partido Social-Democrata
PT	– Portugal Telecom, SA
PTM	– Portugal Telecom Multimédia, SA
REFER	– Rede Ferroviária Nacional, REFER, EPE
RTP	– Radiotelevisão Portuguesa, SA
SA	– Sociedade anónima (=sociedade por acções)
SCUT	– Sem custos para o utente
SEC	– Securities and Exchange Commission
SFA	– serviços e fundos autónomos
SIC	– Sociedade Independente de Comunicações, SA
SNS	– Serviço Nacional de Saúde
TAP	– Transportes Aéreos Portugueses, SA
TGV	– *train grande vitesse* (=comboio de alta velocidade)
UCDR	– Unidade Comercial de Dimensão Relevante
UE	– União Europeia
UNCTAD	– United Nations Conference on Trade and Development
URBCOM	– Sistema de Incentivos a Projectos de Urbanismo Comercial

ECONOMIA DE MERCADO E REGULAÇÃO

Maria Manuel Leitão Marques & Vital Moreira

Na tradicional concepção liberal a economia de mercado não carecia de regulação estadual, visto que a concorrência funcionava como "mão invisível" (Adam Smith) que regulava espontaneamente os mecanismos da economia.

O regresso, nas duas últimas décadas, ao paradigma da economia de mercado, depois de uma longa fase de forte regulação e intervenção estadual directa na economia, significa desde logo a revalorização da economia privada, da concorrência e do mercado. As palavras chave são *privatização, liberalização, desregulação*. Mas seria erróneo pensar que a privatização e liberalização do sector público se traduz necessariamente num processo de desregulação e devolução pura e simples para as leis do mercado. Longe disso.

A desintervenção económica do Estado não quer significar o regresso ao "laissez-faire" e ao antigo capitalismo liberal. Pelo contrário: o abandono da actividade empresarial do Estado e o fim dos exclusivos públicos provocou em geral um reforço da actividade reguladora do Estado. Basta ver o que sucedeu entre nós, por exemplo, no sector do mercado de valores mobiliários ou na electricidade, para ver que a desintervenção do Estado pode implicar um extenso aparelho de regulação.

A primeira razão da regulação está ligada à própria garantia dos mecanismos do mercado e da concorrência. Deixado a si mesmo o mercado pode ser suicidário. Importa portanto *regular o mercado para garantir a concorrência*. As leis de defesa da concorrência ("antitrust", anticartel) e os mecanismos dedicados a implementá-las fazem hoje parte imprescindível da panóplia regulatória de qualquer economia de mercado.

A segunda razão está ligada aos *limites e "falhas" do mercado*, isto é, às situações em que o mercado não pode normalmente funcionar. É o caso dos "monopólios naturais", em que, por razões de racionalidade económica e ambiental, não se pode estabelecer concorrência entre uma pluralidade de operadores, tendo de aceitar-se um único operador. Tal sucede nomeadamente no caso das chamadas *indústrias de rede*, como as redes de transporte e distribuição de electricidade, de gás, de água, de efluentes líquidos, etc.

A terceira razão deriva das *"externalidades negativas"* do funcionamento da economia, quando movida pela procura do lucro, como é próprio da economia de mercado, assente na propriedade e na iniciativa privada. Entre elas contam-se os custos sociais associados aos danos ambientais, os prejuízos para a saúde pública, os riscos para a segurança colectiva, etc.

A quarta razão decorre da necessidade de *proteger os consumidores* na sua relação de "troca desigual" com os produtores e distribuidores, sobretudo nos casos de "assimetria de informação". Trata-se de garantir, por exemplo, uma informação fiável e adequada sobre os produtos e serviços postos no mercado, de garantir o direito de todos à segurança e à saúde individual, de assegurar um direito à reparação de danos, etc.

Uma quinta razão visa garantir as *obrigações de serviço público*, que se devem manter depois da privatização e liberalização das empresas públicas e o afastamento dos antigos mecanismos do exclusivo público, e que eram inerentes à antiga responsabilidade directa do Estado pelos serviços públicos (telecomunicações, electricidade, água, etc.).

É por isto que a actividade de regulação se transformou na mais característica função do Estado na esfera económica, na actualidade *(Estado regulador)*. Mas uma das características novas é a de que a actividade reguladora é exercida não directamente pela administração governamental, mas sim, em grande parte, por *agências reguladoras* específicas, mais ou menos independentes do Governo.

Nesta nova coluna do "Diário Económico" propomo-nos abordar regularmente, nos seus aspectos jurídicos, institucionais e políticos, todos os temas ligados à regulação da economia, especialmente no que se refere aos "serviços públicos" e outros sectores de "interesse económico geral" (para usar a nomenclatura comunitária europeia). Periodicamente e alternadamente cada um dos autores tratará de um tema de actualidade, seja ele uma nova lei, a criação ou reforma de uma autoridade reguladora, uma nova directiva ou regulamento comunitário, uma decisão inovatória da justiça comunitária, uma decisão relevante do Governo ou das autoridades reguladoras, um livro de interesse ou uma iniciativa digna de menção.

Pretendemos assim levar a um público mais amplo um conjunto de problemáticas que normalmente ficam acantonadas nos círculos académicos ou profissionais e empresariais mais directamente interessados. O objectivo é contribuir para criar uma opinião pública sensibilizada para a importância da regulação, da articulação entre a concorrência, por um lado, e as obrigações de serviço público, a defesa do ambiente e dos direitos dos consumidores, por outro lado.

Ao contrário da economia baseada na intervenção económica do Estado e nos serviços públicos directamente assegurados pelos poderes públicos, a nova economia de mercado, baseada na iniciativa privada e no concorrência, depende essencialmente da regulação pública não somente para assegurar o funcionamento do próprio mercado mas também para fazer valer os interesses públicos e sociais relevantes que só por si o mercado não garante.

Na nova economia de mercado, tão importante como uma cultura da concorrência é uma cultura da regulação.

2 de Fevereiro de 2001

E AGORA DAVIS?

Maria Manuel Leitão Marques

E as luzes apagaram-se na esplendorosa Califórnia. Uma das regiões mais ricas do Mundo ficou às escuras e viu-se envolvida numa crise de electricidade sem precedentes. De acordo com o *Washington Post*, a crise deixou Sillicon Valley à beira de um ataque de nervos e as organizações de consumidores em fúria. Pôs em causa o futuro político do democrata Gray Davis, actual governador do Estado. O "curto circuito" fez aquecer a discussão sobre a desregulação das actividades de utilidade pública *(utilities)*, envolvendo a América, o governo estadual e o próprio governo federal. Os ecos chegaram à Europa. O *El País*, por exemplo, apressou-se a recomendar que se deveria aprender com o que se passou na Califórnia para melhorar o sistema regulatório espanhol.

Para uns a crise teve origem numa desregulação precipitada e excessiva do sector eléctrico, ou na falta de regulação a montante, que permitiu aos produtores obter lucros exagerados à custa de preços demasiado altos, pressionados pelo aumento da procura, os quais não poderiam ser imediatamente repercutidos nos consumidores. Para outros, pelo contrário, o defeito esteve no défice de desregulação, na medida em que ela foi feita a montante, na relação entre o grosso e o retalho, mas não a jusante, nas relações entre o retalho e os consumidores, para quem se manteve um regime de preços máximos, impedindo, assim, a completa repercussão pelo retalho do aumento dos preços de aquisição de energia às produtoras.

Seja como for, a verdade é que as autoridades públicas se

viram obrigadas a intervir rapidamente e, já agora, a pagar a crise, salvando as suas "utilities" da falência e devolvendo a luz à "cidade".

Mais ou menos ao mesmo tempo, no Maryland, no meio de um dos Invernos mais frios de que há memória, o governo estadual deu ordens para que não fosse cortado o aquecimento aos consumidores com facturas por pagar. O problema tinha, em parte, a sua origem num atraso na atribuição de subsídios sociais provocado por um *bug* no sistema informático do departamento de recursos humanos. O que importa, no entanto, destacar é que, deste modo, se reconheceu, igualmente, que o carácter essencial do fornecimento de energia conduz a que a lógica económica do seu funcionamento possa ter de ceder o lugar ao "princípio da continuidade".

Recentemente, entre nós, várias notícias despertaram a discussão sobre consumidores e serviços públicos sob gestão privada. As repetidas e variadas queixas contra a Lisboagás, que ocupa o topo das reclamações; a existência de critérios e metodologias diferenciadas para o cálculo do custo da água pelos diferentes concessionários, regionais ou locais; as reclamações contra a TV Cabo, e mais recentemente contra a NetCabo, nem sempre atendidas ou resolvidas no tempo que seria de esperar mesmo pelos consumidores mais pacientes; a questão do *opting out* ou *opting in* nas assinaturas do telefone por causa das chamadas de valor acrescentado, são apenas alguns exemplos. Mesmo que algumas das queixas se devam muito mais ao facto de se tratar de mercados com défice de concorrência do que à sua natureza pública ou privada, isso só torna mais importante a discussão sobre o modo de regulação e defesa dos utentes.

A questão dos serviços públicos e respectivos consumidores constitui, assim, um dos temas mais polémicos que emergiu na era pós-privatização e/ou desregulamentação. Como vimos pelos exemplos acima descritos, ela não é exclusiva da "velha" Europa socialmente preocupada. Ameaça, e ainda bem, ser tão global como o movimento de desregulação que em parte lhe deu origem.

Especialmente desde a segunda metade década de noventa, a discussão tem estado presente em diferentes *fora* da UE. A sua importância foi já visível durante a preparação do Tratado de Amesterdão e está bem expressa na *Carta para os Serviços de Interesse Geral*, proposta em 2000 pelo Centro Europeu de empresas com participação pública e de interesse económico geral e pela Confederação Europeia de Sindicatos. É certo que, neste aspecto, o Tratado de Amesterdão (art. 16.º) ficou aquém das propostas que estiveram na sua origem. Ainda assim, ficou estabelecida uma obrigação de os Estados e a Comunidade, dentro das suas competências respectivas, assegurarem que os "serviços de interesse económico geral" cumpram as missões que lhe estão confiadas e contribuam para o desenvolvimento económico e social. Por isso, não parece correcto desvalorizar esta alteração e em particular a discussão que a antecedeu, bem como alguns actos que se lhe seguiram, como a proposta de Carta.

O que ela trouxe de novo foi a deslocação do problema da questão da propriedade, pública ou privada, para o dos *direitos do cidadão consumidor*. A nova abordagem baseia-se, assim, no *reforço da cidadania*, e não no Estado produtor, ou seja, na ideia que não tem de ser o Estado necessariamente a encarregar-se da produção desses serviços. A noção de serviço de interesse económico geral é compatível nomeadamente com a organização e prestação privada, desde que devidamente regulada e sujeita a "obrigações de serviço público".

A nova abordagem tem também subjacente a ideia de um *modelo social europeu*, para a qual o serviço de interesse económico geral não é apenas uma distorção mal tolerada à concorrência e à lógica do mercado ou que deve beneficiar no máximo de um regime derrogatório. Se o princípio do serviço público é indispensável à coesão económica e social, isso implica que ele goze, no mínimo, das mesmas garantias ao nível da União que o "bom funcionamento do mercado".

16 de Fevereiro de 2001

A REGULAÇÃO DO GÁS NATURAL

Vital Moreira

Há novidades na regulação do gás natural entre nós. Por um lado, foi finalmente efectuada há cerca de um mês, com atraso de vários meses, a transposição da directiva comunitária sobre o mercado interno do gás natural (Decreto-Lei n.º 14/2001, de 27 de Janeiro). Por outro lado, tudo indica que o Governo se prepara para instituir um sistema de regulação independente do sector.

A directiva europeia que estabelece as regras comuns para o mercado interno do gás natural (Directiva 98/30/CE do Parlamento Europeu e do Conselho, de 22 de Junho de 1998) determinou uma liberalização progressiva do sector, estipulando como objectivo mínimo uma abertura de cerca de 20% em 2000, 28% em 2003 e 33% em 2008.

Para o efeito, os consumidores "elegíveis" ("admissíveis" na tradução portuguesa da referida directiva) passarão a poder escolher livremente o seu fornecedor, devendo as empresas detentoras das redes de transporte e distribuição proporcionar o acesso às suas redes, através de tarifas reguladas ou de preços negociados.

No sentido de uma maior transparência, a directiva obriga as empresas detentoras das redes de transporte e distribuição, quando verticalmente integradas, a uma separação contabilística de actividades, de modo a permitir distinguir os custos da gestão e operação das redes.

Portugal beneficia de um regime transitório, traduzido numa derrogação até 2005, prevista para os "mercados emergentes".

Até lá, portanto, Portugal não tem de liberalizar o sector, podendo manter integralmente o actual regime de exclusivo, desde a importação e transporte à distribuição, sem possibilidade de escolha de fornecedor pelos consumidores, independentemente da dimensão do consumo destes.

Embora beneficiando da derrogação referida, será importante acompanhar e conhecer com profundidade a evolução desta abertura do mercado do gás natural nos restantes países da União Europeia e as soluções que vão sendo implementadas, por forma a permitir entre nós uma definição de regras apropriadas, tirando partido da experiência de aplicação dos restantes países.

As actividades de importação, transporte, distribuição, comercialização e armazenamento de gás natural são exercidas em Portugal quase exclusivamente por empresas totalmente ou maioritariamente públicas, em regime de concessão e em exclusivo.

A Transgás detém um contrato de concessão de importação, transporte e fornecimento de gás natural. As empresas Beiragás, Lisboagás, Lusitâniagás, Portgás, Setgás e Tagusgás detêm contratos de concessão de distribuição regional.

Em zonas afastadas do actual sistema de transporte por gasoduto, têm vindo a ser criadas empresas que recebem o gás sob a forma liquefeita, procedendo à distribuição sob a forma gasosa aos respectivos clientes. São as denominadas Unidades Autónomas de Gás Natural Liquefeito, estando já criadas várias empresas em diferentes regiões do país, que exercem a sua actividade mediante licença.

A regulação do gás natural consta essencialmente de diplomas de 1989 (o Decreto-lei n.º 374/89, de 25 de Outubro), de 1991 (Decreto-lei n.º 33/91 de 16 de Janeiro, que contém as bases da exploração das redes de distribuição regional) e de 1993 (Decreto-Lei n.º 274-C/93, de 4 de Agosto, que aprovou as bases de concessão da rede de alta pressão), bem como dos contratos de concessão de transporte e de distribuição. A supervisão do sistema compete ao próprio Ministro da Economia (por exemplo, homologação de preços e tarifas) ou à Direcção--Geral de Energia.

Mas desde 1998 que o ministério da Economia anunciou o propósito de instituir um sistema regulador independente para o sector do gás natural, separado do Governo e da administração directa do Estado.

A primeira opção consistiu na criação de uma entidade reguladora específica, dedicada à regulação do gás natural em exclusivo, paralelamente à Entidade Reguladora do Sector Eléctrico, criada legalmente em 1995, mas entrada em funcionamento somente em 1997. No início de 1999 foram celebrados protocolos entre o Governo (Ministro da Economia) e entidades representativas das actividades económicas e dos consumidores, prevendo a criação de uma entidade reguladora independente específica para o sector.

Por razões que não importa averiguar, o referido projecto não foi em frente. Já veio a público, entretanto, que o Governo modificou a sua posição nesta matéria, propendendo agora para uma solução reguladora integrada para a electricidade e o gás natural. De facto, existem fortes argumentos para associar a regulação do gás à regulação da electricidade sob a égide da mesma entidade reguladora.

Em primeiro lugar, o gás constitui um importante factor de produção da electricidade. Decisões no âmbito da regulação do gás natural, designadamente relativas a preços, poderão ter um impacte não negligenciável no sector eléctrico.

Em segundo lugar, o gás natural e a electricidade são concorrentes, tanto na indústria como nos consumidores domésticos. Decisões de regulação, designadamente de preços, podem ter repercussão nas escolhas dos consumidores e no consumo do outro vector energético.

A criação de uma entidade reguladora conjunta para o gás natural e a electricidade encontra-se aliás em linha com a tendência que se tem verificado muito recentemente em diversos países europeus, como na Espanha, Itália, Reino Unido, Bélgica, Holanda.

Tendo em conta a existência da Entidade Reguladora do Sector Eléctrico (ERSE), a solução mais evidente e mais económica consiste em manter a ERSE e ampliar as suas atribuições de modo a abranger a regulação do gás natural.

Não se vê razão para estabelecer uma ruptura, começando tudo de novo. Tal só se justificaria no caso de se mostrar que a ERSE seria uma solução inadequada e querer-se aproveitar a oportunidade para lhe pôr fim, reconsiderando o sistema de alto a baixo, desde o figurino organizatório, passando pelos membros do órgão regulador, até às competências.

Não é essa porém a leitura que se deve fazer da ERSE. Se algo se pode dizer é que ela tem dado boa conta do recado, tendo estabelecido um padrão de independência e rigor, que nenhuma razão existe para extinguir. Por isso a melhor solução afigura-se ser a incorporação da regulação do gás natural com a da electricidade, procedendo às necessárias adaptações ao estatuto da ERSE.

2 de Março de 2001

NEGÓCIOS COM CONSCIÊNCIA?

Maria Manuel Leitão Marques

Os milionários que pretendem pagar impostos (note-se: nos EUA), o anúncio pela Procter and Gamble de uma *discriminação positiva* a favor das minorias étnicas na sua política de contratação (incluindo a dos quadros), ou a inclusão pela França e pela Bélgica de uma *cláusula ética* no novo regime dos contratos públicos, a qual permitirá excluir empresas que empreguem trabalhadores clandestinos, são apenas alguns dos exemplos que nas últimas semanas trouxeram a ética para as páginas da imprensa económica.

O discurso da ética (mesmo que por vezes como operação de marketing) invadiu vários domínios donde antes estava ausente ou quando muito apenas implícito, que vão desde a "cidadania empresarial" aos produtos financeiros éticos (fundos de investimento em empresas que partilham preocupações sociais ou ambientais ou no "capital solidário"), passando pelo comércio ético ou justo (duas redes existem já na Europa), ele próprio respondendo às crescentes preocupações éticas dos consumidores.

A procura da ética não toca apenas a actividade económica. Atinge também a regulação. Por seu intermédio, os reguladores aliviam-se das tarefas da regulação pública, fazendo *out-sourcing* a favor dos regulados. Trata-se de uma das respostas possíveis ao aumento da complexidade técnica das áreas a regular, à inadequação do tempo da regulação pública ao ritmo de mudança na actividade regulada ou ainda à falta de correspondência entre o espaço de soberania do regulador e o espaço em que se desenvolve a actividade a regular (veja-se o caso do comércio electrónico, ou das actividades financeiras). Ao desembaraçar-se de algumas tarefas regulatórias, o Estado desonera-se também, pelo menos parcialmente, das tarefas sancionatórias, mesmo que, por vezes, só em primeira instância, aliviando a pressão sobre a justiça, ela mesma, pelos motivos acima referidos, ainda com maiores dificuldades para responder às novas exigências da regulação.

Por sua vez, os regulados aproveitam para se furtar a uma regulação imperativa, auto-disciplinando os seus comportamentos de forma mais aproximada aos seus próprios objectivos e através de instrumentos mais flexíveis.

Genericamente designada por *"soft regulation"*, mais ou menos vinculativa, a regulação pela ética assume, entre outras formas, a de códigos de conduta, códigos éticos, códigos de boas práticas, códigos deontológicos ou recomendações.

Na sua formulação mais típica, os códigos constituem exemplos de auto-disciplina profissional, a cargo das respectivas associações, por delegação pública ou iniciativa própria.

Os códigos de conduta estenderam-se também a uma espécie de *auto-regulação partilhada* entre interesses divergentes ou em colisão. Foi o caso das relações entre fornecedores e distribuidores (veja-se o Código de Boas Práticas assinado, entre nós, pela APED e pela CIP), das relações entre contratantes e subcontratados, ou das relações entre instituições de crédito e os seus clientes. Ainda que por vezes se trate de uma antecipação "oportunista", para evitar outras formas de regulação mais exigentes, devemos reconhecer que em certos casos, os motivos vão para além da simples opção: "que regule quem está em melhores condições para o fazer". Quando se trata de relações contratuais "íntimas" e/ou continuadas, em que existe um poder económico desigual entre as partes e um interesse forte da mais fraca em contratar e manter a relação contratual, regista-se uma enorme dificuldade em tornar efectiva uma regulação externa, no sentido de limitar aquele desequilíbrio. Assim, aparentemente mais tímida nos meios e objectivos, esta forma de regulação pode não ser apenas a opção mais adequada, mas efectivamente a única possível!

Mas não é apenas ao nível estadual que ocorre esta devolução à ética. Na semana passada, foi assinado em Bruxelas um código de conduta entre as associações de consumidores e as associações de estabelecimentos de crédito para harmonizar *"as informações a prestar pelos credores aos utilizadores antes da celebração de contratos de empréstimo à habitação"* na UE (Com2001 477). A sua aprovação, após prolongadas negociações, teve o patrocínio da Comissão Europeia, onde os aderentes se registarão num prazo de seis meses, devendo conformar as suas práticas às novas regras num prazo de um ano. Uma ficha europeia normalizada indica a informação personalizada a fornecer ao mutuário antes do contrato. Nela não está incluído nada de substancialmente diferente do que já é disponibilizado por algumas instituições de crédito. Impõe-se, por exemplo, a apresentação de um quadro de amortização ilustrativo, mas não se refere a obrigação de se proceder a uma simulação desse quadro para a hipótese de uma subida da taxa de juro, quando esta não é fixa. Esta informação seria uma excelente maneira de sensibilizar o futuro mutuário para a possibilidade de uma subida das prestações no período do empréstimo. Para além de uma maior transparência, o principal efeito do código será, provavelmente, o de facilitar as comparações entre as ofertas das diferentes instituições, no mercado europeu.

Seja como for, tratando-se para já de uma regulação *soft*, de natureza voluntária, a Comissão deixa claro que se a iniciativa não tiver o sucesso pretendido poderá utilizar um meio *hard*, transformando o código em directiva.

16 de Março de 2001

ENTIDADES REGULADORAS
E INSTITUTOS PÚBLICOS

Vital Moreira

A recente apresentação pública do relatório do grupo de trabalho sobre os institutos públicos, criado pelo Ministro da Reforma do Estado e da Administração Pública, provocou em alguns espíritos mais precipitados do que informados alguns incompreensíveis equívocos e preocupações acerca do impacto das soluções aí propostas sobre as entidades reguladoras.

O "Expresso" destacou-se nesses equívocos, dando por assente, contra toda a evidência, que o projecto de lei-quadro confundiu ilegitimamente as entidades reguladoras com os institutos públicos e que não salvaguardou as especificidades das entidades de regulação e supervisão, quer quanto à sua independência quer quanto ao estatuto remuneratório dos seus dirigentes e quadros (não se percebendo qual destas foi a preocupação maior...). As duas acusações não têm o mínimo sentido, como se mostrará de seguida, mas a questão constitui uma boa ocasião para abordar o tema do estatuto legal das entidades reguladoras no nosso país.

Para começar, as entidades reguladoras são entre nós, por via de regra, verdadeiros e próprios institutos públicos, ou seja, pessoas colectivas de direito público de base institucional (serviços, fundos ou estabelecimentos públicos personalizados), dotadas de capacidade jurídica própria, de autonomia administrativa e financeira e de património próprio. É certo que não tinha de ser assim. Noutros países, existem autoridades reguladoras que funcionam como simples órgãos administrativos integrados no Estado, embora dotados de maior ou menor independência orgânica e funcional. E mesmo entre nós, fora da área económica, existem entidades reguladoras que não são institutos públicos, como sucede com as criadas na órbita da Assembleia da República, por exemplo, a Alta Autoridade para a Comunicação Social. Fora disso, porém, as entidades reguladoras integram, a título pleno, o universo dos institutos públicos e portanto não podem deixar de ser abarcadas pelo respectivo regime.

É evidente, contudo, que existem diferentes modalidades, tipos e categorias de institutos públicos, por vezes dotados de um regime específico, derrogatório mais ou menos profundamente do regime geral. Normalmente têm uma lei-quadro ou lei-tipo própria, que regula para os institutos dessa categoria um regime comum a todos eles, quanto à sua organização, atribuições e poderes, regime financeiro, grau de independência em relação ao Governo, etc.. Assim sucede com as universidades e institutos politécnicos, os estabelecimentos hospitalares, os organismos de investigação públicos, as instituições de segurança social, o Banco de Portugal.

Tal não sucede porém com as entidades reguladoras. Não existe nenhuma lei-quadro para elas, nem sequer uma definição legal de tal categoria. Pior do que isso, cada entidade reguladora tem a sua lei própria, não havendo uma linha geral comum aos estatutos singulares de cada uma delas. Mesmo dentro da mesma área existem diferenças substanciais quanto a quase todos os pontos relevantes, especialmente quanto às atribuições regulatórias e quanto ao grau de independência em relação ao Governo. Por exemplo, no sector financeiro, basta comparar as diferentes entidades reguladoras (BP, CMVM, ISP), para verificar as consideráveis divergências existentes.

Se se alargar a análise às entidades reguladoras em geral, o quadro repete-se, ampliado. Se existem entidades reguladoras, como a ERSE, que gozam de grande independência e estão dotadas de extensos poderes regulatórios (poder regulamentar, fixação de tarifas, poderes sancionatórios), outras existem que dispõem de muito menos independência e de reduzidos poderes regulatórios (por exemplo, o ISP).

Por conseguinte, não existindo legalmente uma categoria específica de entidades reguladoras, como subtipo autónomo de institutos públicos, não era possível salvaguardá-la como tal na lei-quadro dos institutos públicos. Mas isso não significa que esse diploma ignore o problema ou proponha uma identificação dessas entidades com os institutos públicos de regime comum. Pelo contrário. No projecto apresentado a público – e que se encontra disponível na Internet no endereço do ministério da Reforma do Estado *(www.mreap.gov. pt)* –, existe um capítulo dedicado aos "regimes especiais" (em relação, claro está, ao "regime comum") e dentro dele um preceito expressamente dedicado às "entidades administrativas independentes", que visa obviamente as entidades reguladoras elegíveis para esse conceito.

Segundo esse preceito, tais entidades beneficiarão das necessárias derrogações do regime comum, nomeadamente a isenção, no todo ou em parte, de superintendência e de tutela governamental, um mandato mais longo dos titulares dos órgãos directivos e a impossibilidade de destituição dos mesmos, salvo nos casos excepcionais previstos na lei (artigo 48.°). Além disso, dentro desses mesmos "regimes especiais" existe outro preceito autorizando a adopção do regime do contrato de trabalho de direito privado, em vez do regime da função pública (art. 45.°). Note-se que o preceito acima transcrito não exclui outras derrogações do regime comum ("nomeadamente"), podendo por exemplo equacionar-se outras no que respeita ao regime de gestão financeira, desde que requeridas pela salvaguarda da independência da entidade reguladora.

O referido projecto de lei deixa, portanto, ampla margem para a salvaguarda da especificidade das entidades reguladoras, no que respeita tanto à sua desejável independência como às condições para poderem recrutar os dirigentes e os quadros tecnicamente qualificados que as suas funções podem demandar.

Seja como for, a enorme heterogeneidade de regime legal das entidades reguladoras é em grande parte injustificada e devia ser superada. Mas também aqui pode haver novidades no horizonte, visto que se sabe que foi oficialmente encomendado e está a ser ultimado um estudo comparado sobre a matéria, sendo de esperar que, se o estudo o recomendar (como é previsível), o Governo possa avançar para a definição legislativa de princípios gerais comuns das entidades reguladoras, sobretudo no que respeita ao seu estatuto orgânico e às garantias da sua independência. Nessa altura, sim, as entidades reguladoras deixarão de ser um simples conceito doutrinal, de contornos imprecisos, passando a ter um verdadeiro estatuto legal específico, bem como o devido lugar à parte no variado universo dos institutos públicos.

30 de Março de 2001

A JUSTIÇA
À PROCURA DE UMA NOVA CREDIBILIDADE

Maria Manuel Leitão Marques

No "Le Monde" de há duas semanas, com o título "justiça em tempo de auto-crítica", relatavam-se alguns casos em que a justiça francesa foi condenada a pagar indemnizações às vítimas do seu próprio mau funcionamento: um processo arquivado por efeito de uma investigação demasiado sumária, um processo prescrito e um processo cujas peças se perderam no tribunal, o que foi reconhecido "como falta grave imputável ao serviço público de justiça" pela nova "garde des sceaux", Marylise Lebranchu.

A justiça desperta, assim, para a importância de se legitimar pelos resultados, pela qualidade do serviço, pela responsabilidade de quem o presta, e não apenas pelo respeito da forma e independência dos magistrados.

Durante muitas décadas do século vinte, a justiça permaneceu quase incólume a qualquer movimento de mudança política, económica e social, por mais profundo que ele se apresentasse. Fora do olhar atento e da pressão da opinião pública, a justiça era normalmente colocada no último lugar das preocupações dos cidadãos ("Inquérito às representações dos cidadãos sobre o direito e a justiça", realizado pelo Centro de Estudos Sociais da Universidade de Coimbra, no início da década de 90) ou nem sequer era referida nas sondagens que as procuram regularmente avaliar.

Este lugar etéreo da justiça também a deixava imune às transformações nas tecnologias e nos métodos de gestão da prestação de serviços públicos em geral. Os processos continuavam a ser pacientemente cosidos, as velhas rotinas religiosamente observadas, fosse qual fosse a importância da questão substancial em discussão.

Nas últimas décadas do século passado, este perfil agitou-se quando a justiça interveio no controlo da legalidade da actividade política. Mas esta agitação foi, na verdade, pouco profunda, limitando-se a um jogo de poderes entre o judiciário e o executivo.

O debate que hoje se desenvolve em alguns países europeus, incluindo Portugal, ultrapassa largamente o problema do "governo de juízes". Na sua origem está muito mais do que uma questão de independência: está também um problema de responsabilidade perante os cidadãos. E são estes que precisamente despertaram, com o barulho de alguns casos mediáticos, para a dificuldade crescente, senão mesmo impossibilidade, de a justiça prestar em tempo útil, mesmo que esse tempo possa variar muito conforme os casos e as circunstâncias, o serviço de que é constitucionalmente encarregada.

Não é apenas uma questão de afectação de recursos. Na verdade, *dificilmente o problema se resolverá apenas com "mais do mesmo"* (mais magistrados, mais oficiais de justiça, mais tribunais, mais dinheiro). O que se exige é um novo modelo que altere profundamente, entre outros aspectos, os modos de decidir e a organização do espaço judiciário. Trata-se de uma mudança que não pode limitar-se a recuperar a letargia do passado. *Tem de ousar antecipar o futuro*.

Basicamente, há dois problemas que afectam, em especial, a justiça cível. O primeiro é o crescimento desmesurado da chamada litigação de massa. Só no ano de 2000 deram entrada na Secretaria Judicial de Injunção de Lisboa 86.970 requerimentos, 24. 674 dos quais de duas operadoras de telemóveis. Na generalidade dos casos, é uma litigação de rotina, para cobrança de pequenas dívidas, onde o tribunal tem um mero papel certificador. Para além de ser discutível saber se o custo do risco de operações económicas liberalmente desenvolvidas deve ser socializado desta maneira, mostra-se desaconselhável responder com mais juízes e mais tribunais a este aumento da procura de tutela judicial. Mais juízes deixam de ser suficientes ao fim de pouco tempo e, em boa verdade, constituem um recurso humano desproporcionado à natureza do (falso) litígio. O que se mostra urgente é prevenir a multiplicação deste tipo de litigação e em simultâneo procurar meios mais expeditos de a resolver, sem desperdício de recursos humanos caros, sob pena de trivializarmos e diminuirmos perigosamente a sua formação.

O segundo problema é o da diferenciação e crescente complexidade (técnica, científica, económica, etc.) de alguns casos que chegam aos tribunais. Para além da litigação financeira, lembremo-nos dos processos de concorrência, cujo número tenderá a crescer, se ocorrer a anunciada descentralização dos poderes da Comissão Europeia para as autoridades nacionais, no âmbito das práticas restritivas. Para os resolver, "mais do mesmo" mostra-se igualmente pouco acertado. Não só a formação dos juízes é na maior parte dos casos pouco adequada para o efeito, como a organização dos tribunais não lhes permite socorrerem-se de informação e de outras competências necessárias para resolverem esses litígios. Deste modo, é necessária outra formação, não só inicial, mas sobretudo ao longo da vida profissional, para todos os actores que intervêm no sistema judiciário, devendo juntar-se aos actuais outros perfis profissionais. É ainda importante alterar as formas de comunicação entre todos os intervenientes, partilhando competências, com recurso aos meios tecnológicos hoje disponíveis, o que implica que se modifiquem os modos de decisão e o modelo de gestão dos tribunais.

Mesmo que graduais, as mudanças enfrentarão sempre fortes oposições, num meio tradicionalmente conservador, onde os atrasos, as prescrições e o mau funcionamento são funcionais a uma das partes e a alguns dos intervenientes. Mas não podem por isso ser adiadas.

A confiança numa instituição e a sua credibilidade é qualquer coisa muito difícil de obter, mas muito fácil de perder. Numa espécie de processo de auto-preservação, a justiça manteve-se distante das transformações sociais que ocorriam à sua volta, como se nada tivesse a ver com elas. Os cidadãos conformavam-

-se, continuando, apesar disso, a confiar no *seu* sistema judiciário. De repente, não só novos tempos, novos ritmos, novos conflitos pressionam as portas e as janelas dos tribunais, mas também os cidadãos começam a pôr em causa a credibilidade do sistema. Salvemo-la, antes que seja tarde.

27 de Abril de 2001

AS CONCESSÕES MUNICIPAIS DE DISTRIBUIÇÃO DE ELECTRICIDADE

Vital Moreira

Duas recentes portarias governamentais vieram regular em novos termos as concessões de distribuição de electricidade em baixa tensão. A Portaria n.º 437/2001, de 28 de Abril, procedeu à revisão do montante das rendas a pagar pelo concessionário aos municípios, e a Portaria n.º 454/2001, de 5 de Maio, estabeleceu um novo contrato tipo das concessões.

Aproximando-se o termo das actuais concessões municipais à EDP, que ocorre a partir de 2002 – com vários municípios a anunciarem a intenção de não renovarem essas concessões (casos de Setúbal e do Algarve) –, é evidente que estes diplomas, embora sem o explicitarem, visam fomentar as condições para a renovação das mesmas. Tal é manifestamente o propósito da referida portaria sobre as rendas, que prevê um significativo aumento do respectivo montante, mas que faz depender a entrada em vigor dos novos valores da renovação dos contratos actualmente existentes (arts. 15.º e 16.º da Portaria n.º 437/2001).

Importa analisar os dados da questão e as implicações desta opção governamental.

Embora os consumidores não se apercebam disso, a distribuição de electricidade em baixa tensão é uma atribuição municipal. Porém, em quase todo o território do Continente, esse serviço público municipal encontra-se concessionado à EDP, desde há quase vinte anos. Essa situação constitui a sequela da nacionalização integral do sector eléctrico e da sua estatização em 1975 e da posterior devolução aos municípios da sua competência em matéria de distribuição de electricidade em baixa tensão (1982).

Com efeito, tradicionalmente a distribuição de electricidade era uma atribuição municipal, que na maior parte dos casos era exercida directamente pelos municípios, por meio dos competentes serviços municipalizados. Com a nacionalização do sector eléctrico em 1975, os municípios foram expropriados de todas as suas atribuições nesta área, tendo sido entregue à EDP, uma empresa pública então criada, toda a "fileira" do sector eléctrico, desde a produção e importação à distribuição em baixa tensão, passando pelo transporte e distribuição. Consequentemente os serviços municipais de electricidade foram transferidos para a nova empresa pública do Estado. Extinguia-se assim, por força da lei, o tradicional serviço público local de electricidade, em favor de uma empresa pública estadual verticalmente integrada, em regime de exclusivo, visto que concomitantemente o sector eléctrico foi incluído entre os sectores básicos legalmente vedados à iniciativa privada, nos termos da chamada "lei dos sectores" de 1976.

Em 1982, porém, no Governo do Primeiro-Ministro Pinto Balsemão, a distribuição em baixa tensão foi legalmente devolvida à esfera municipal. O Decreto-Lei n.º 344-B/82, de 1 de Setembro, dando execução a uma resolução do Conselho de Ministros de 20 de Maio desse mesmo ano, estipulou que "a distribuição no Continente de energia eléctrica em baixa tensão compete aos municípios, os quais podem exercê-la em regime de exploração directa ou em regime de concessão" (art. 1.º).

Na altura, dado o monopólio legal da EDP, a concessão só poderia ser feita em benefício dessa empresa pública, ressalvadas algumas outras opções marginais que a lei consentia mas que não tinham relevância como verdadeiras alternativas (cooperativas e "produtores independentes", uma possibilidade nesse ano aberta em termos muito restritos). Por isso, na prática, a restauração do serviço público municipal de distribuição de electricidade traduziu-se em transformar em concessão à EDP, por vinte anos, a situação de facto entretanto criada, a troco de uma renda anual a pagar por ela aos municípios, a título de contrapartida pelas instalações e equipamentos municipais afectos às concessões.

Não era por acaso que as portarias ministeriais, que nos termos da lei vieram regular os contratos tipo de concessão e o cálculo das rendas, só referiam a EDP como entidade concessionária.

Entretanto, ao longo destas quase duas décadas deu-se uma revolução no regime jurídico e na organização económica do sector eléctrico.

Em primeiro lugar, cessou, desde 1988, o exclusivo público da produção, transporte e distribuição de electricidade, com a abertura legal do sector à iniciativa privada. No seguimento dessa liberalização, a reforma legislativa do sistema eléctrico nacional em meados dos anos 90, ainda no último governo do Primeiro-Ministro Cavaco Silva ('pacote legislativo' de 27 de Julho de 1995), instituiu, ao lado do sistema eléctrico de serviço público (SEP), um sistema eléctrico independente (SEI), composto sobretudo pelos operadores privados não vinculados ao SEP.

Segundo, com a transformação da EDP em sociedade por acções (1991) e com as sucessivas privatizações parciais do seu capital, ela deixou de ser uma empresa pública, visto que o seu capital é agora maioritariamente privado, embora o Estado mantenha uma considerável participação accionista e alguns direitos especiais, bem como o domínio de facto da administração da empresa, sem que porém nenhuma dessas circunstâncias autorize a qualificação da mesma como empresa pública (mas sejam bastantes para dar um pretexto ao governo espanhol para impedir a entrada da empresa no mercado do país vizinho...).

Terceiro, com a directiva comunitária da electricidade (Directiva 96/92/CE, do Parlamento e do Conselho, de 19 de Dezembro de 1996), tendente à criação de um "mercado interno" no sector, abriu-se um processo de liberalização e de introdução da concorrência, tendo por horizonte final a liberdade de escolha de fornecedor por todos os consumidores, o que é incompatível com a manutenção de exclusivos em qualquer estádio do ciclo da electricidade, incluindo, em última instância, na distribuição em baixa tensão.

Por último, foi instituído um sistema de regulação pública independente do sector eléctrico, protagonizada pela Entidade Reguladora do Sector Eléctrico (ERSE), que iniciou funções em 1997, tendo por missão principal justamente organizar a abertura do sector à concorrência, pelo progressivo alargamento do círculo dos consumidores "elegíveis" para escolher os fornecedores de electricidade, pela garantia de acesso de uns e outros, sem discriminações, às redes de transporte e de distribuição e pela regulação das respectivas tarifas de utilização.

Neste novo contexto nacional e comunitário, a manutenção de um monopólio de facto da EDP, legalmente favorecido, como concessionária do serviço público local de distribuição de electricidade, conjugado com um regime de atribuição e renovação de concessões por ajuste directo, está longe de ser uma situação incontroversa. Deixando de lado os problemas jurídicos que ela pode suscitar, quer no plano do direito nacional, quer no plano do direito comunitário, essa situação parece ser tudo menos congruente com o desiderato comunitário de estabelecimento de concorrência não discriminatória no sector. E além disso, quando a nível comunitário existem propósitos explícitos de estugar a marcha para a liberalização total do sector (Conselho Europeu de Lisboa e subsequente proposta da Comissão), seria curial aproveitar a cessação das concessões de 1982 para repensar globalmente a questão da distribuição de electricidade em baixa tensão. A necessária garantia de "regras de serviço público" não exige necessariamente um exclusivo no seu fornecimento.

Se, ao invés, se tomam medidas inequivocamente destinadas a favorecer a renovação do "status quo" durante mais vinte anos, como sucede com as duas referidas portarias, não se duvida de que isso possa favorecer os interesses imediatos do Estado enquanto accionista e "dono de facto" da EDP, bem como dos municípios beneficiados com um generoso aumento das rendas que lhe são pagas. Mas cabe perguntar se desse modo não se perde uma excelente oportunidade para a necessária reforma do sector e, pior do que isso, se não se adia irremediavelmente essa mudança por mais duas décadas, manifestamente contra a lógica comunitária do "mercado interno da energia" e, muito provavelmente, contra o desenvolvimento do sector eléctrico entre nós e, sobretudo, contra os interesses dos consumidores.

11 de Maio de 2001

"ANTI-TRUST": UMA NOVA ÉPOCA PERMISSIVA?

Maria Manuel Leitão Marques

"Here then is the dilemma [of liberal democracy]. How can private power be prevented from becoming a threat to the freedoms of others? But at the same time, how can power conferred on institutions for this purpose be prevented from itself enlarging to the point of destroying the very freedoms it ought to protect?"

Giuliano Amato, *Antitrust and the Bounds of Power*, Oxford: Hart Publishing, 1997

Giuliano Amato, que foi primeiro-ministro de Itália e Presidente da Autoridade de Defesa da Concorrência italiana, lembrava, deste modo, aos seus alunos do Instituto Universitário Europeu de Florença e da Universidade de N.Y., que o direito da concorrência ("antitrust" na tradição anglo-saxónica) não foi uma criação dos economistas ou uma descoberta dos especialistas em direito comercial, por muito que ambos tenham contribuído para o seu apuramento técnico e fundamentação teórica. Foi uma resposta assumidamente política para um problema crucial da democracia: o do equilíbrio entre a liberdade de iniciativa privada e respectivos corolários, como a liberdade de organização e a autonomia contratual, e a necessidade do controlo do poder económico privado de modo a que este não constitua uma ameaça àquela liberdade.

O "Sherman Act", a primeira lei "antitrust" a ser aplicada, foi aprovado em 1890 nos EUA sob pressão da opinião pública temerosa da concentração de poder económico, proporcionada pela constituição de "trusts", e dos seus efeitos na liberdade contratual.

Atentos àquele sentimento do "little people", tanto o Partido Republicano como o Partido Democrata haviam incluído propostas *antitrust* nos seus programas, durante a campanha eleitoral de 1888. Inicialmente concebida como uma regra de aplicação *"per se"* (proibição do "trust" em si mesmo), o Sherman Act e a legislação que se seguiu foram sendo moderados através da chamada "rule of reason", que permite em cada caso concreto ponderar os efeitos da restrição da concorrência no mercado.

Assim, durante mais de um século a intensidade de aplicação das leis "antitrust" nos EUA foi muito variável, destacando-se o "low profile" do período Reagan, por influência da Escola de Chicago. Durante a presidência de Bill Clinton, contudo, a intensidade da política "antitrust" voltou a subir, culminando na decisão do Juiz Thomas P. Jackson sobre o caso Microsoft. Tratando-se de uma empresa de impacto global, com milhões de consumidores por todo o mundo, este terá constituído o processo "antitrust" que mais tinta fez correr na imprensa especializada e não especializada, que mais curiosidade despertou nos cidadãos, em especial dos que viajam pelo espaço virtual, e sobretudo aquele que mais fez interessar os leigos pela arquitectura básica do "antitrust law". Termos como "tying", "exclusionary impact" ou "predation" saíram do jargão da literatura especializada e tornaram-se palavras correntes dos jornais diários.

A recente nomeação, pelo Presidente Bush, de Timothy Murris, um professor da Universidade George Mason da Virgínia do Norte, para a "Federal Trade Commission" (FTC) parece vir inverter o sentido da política "antitrust" da era Clinton e demonstra, uma vez mais, a forte componente política do direito da concorrência "in action". Dizem, aliás, que Timothy Murris foi escolhido por causa de uma afirmação sua numa revista jurídica de circulação limitada sobre a decisão do caso Microsoft: "wrong on the law, wrong on policy and wrong on facts".

Os comentários a esta nomeação foram de diversa ordem, mas em geral ela tem sido interpretada como um sinal de mudança em alguns aspectos da política "antitrust". A nova orientação faz também admitir que a decisão do Juiz Jackson de dividir a Microsoft possa vir a ser revista.

Uma outra consequência que esta semana era tida como inevitável pela imprensa internacional era de esta viragem vir a prejudicar ou a abrandar os esforços de cooperação bilateral entre a Comissão Europeia (particularmente a DG IV, que se ocupa da concorrência) e as autoridades americanas, cooperação essa que, apesar de alguns conflitos, havia progredido durante a Administração americana anterior.

Não se trata de uma consequência de importância menor. Na verdade, durante as últimas décadas do século XX foram muitos os países, em todas as regiões do mundo, que introduziram regras de concorrência nas respectivas ordens jurídicas. Contudo, considerando que as estratégias das empresas são cada vez mais mundiais, que os mercados também se globalizaram e as práticas comerciais assumiram dimensão internacional, um direito com aplicação limitada a um país ou mesmo a uma região pode ser bem pouco eficaz. Além disso acarreta também maiores custos de transacção para as empresas, por vezes obrigadas a vários controlos, nomeadamente em matéria de concentrações, em vez do "one-stop-shop" que vigora, por exemplo, dentro da UE. (Por exemplo, o "Times" noticiava que a concentração entre a Alcan, a Pechiney e a Alusuisse, no sector do alumínio, teve que ser notificada, no ano passado, a 16 autoridades, em oito línguas diferentes).

Apesar dos esforços da OCDE e, a outro nível, da OMC para a promoção do direito da concorrência e mesmo, no caso da OMC, para a formulação de um direito global da concorrência, a generalidade dos especialistas tem-se mostrado muito céptica sobre esta possibilidade no curto prazo, orientando-se para uma abordagem minimalista, assente na construção de um sistema internacional de direito da concorrência, baseado em acordos de proibição de cartéis, na cooperação bilateral (entre Estados ou entre regiões) e na possibilidade de harmonização de alguns procedimentos. Num esforço para ultrapassar os limites das iniciativas até agora desenvolvidas, foi criado em Oxford, em Fevereiro deste ano, o "Global Competition Forum", numa reunião promovida pela "International Bar Association", onde estiveram presentes 42 representantes das autoridades da concorrência ao mais alto nível, incluindo a UE, o Departamento de Justiça dos EUA, a OCDE e a UNCTAD . O Forum foi designado como "um projecto, um conceito, uma ambição" para um enquadramento multilateral, que reúna países desenvolvidos e países em vias de desenvolvimento, no sentido de promover uma "global governance" – uma "mão visível" – para a política da concorrência, susceptível de garantir a sua efectividade.

Deste modo, um eventual recuo americano na aplicação do direito "antitrust", não partilhado pela UE, poderá significar também um recuo na cooperação entre os dois espaços económicos, jurídicos e políticos mais importantes e influentes neste domínio, o que não pode deixar de enfraquecer as possibilidades de desenvolvimento de uma política de concorrência a nível internacional, susceptível de controlar os excessos do poder económico privado.

25 de Maio de 2001

VERDADES E MITOS
SOBRE A REGULAÇÃO DO AUDIOVISUAL

Vital Moreira

O escandaloso caso do "Bar da TV" da SIC – transmissão directa de uma dramático diálogo entre uma jovem protagonista de um "reality show" e os seus pais, vindos da província para a tentarem persuadir a abandonar o programa – veio suscitar de novo a questão da auto-regulação dos meios de comunicação, no sentido de acordarem entre si formas de contenção na emissão de programas atentatórios da dignidade pessoal ou da deontologia comunicacional.

Todas as estações de televisão manifestaram a sua concordância de princípio. A amplitude da condenação pública do referido episódio e do "telelixo" em geral (incluindo apelos ao boicote das referidas estações) terá seguramente ajudado a esta inesperada disponibilidade dos nossos "tycoons" do audiovisual. Mas antes de depositar excessivas esperanças no sucesso do exercício torna-se necessário analisar as virtualidades e os limites da auto-regulação.

Em princípio, as empresas privadas e os profissionais em geral não gostam da regulação de nenhuma espécie, nem de auto-regulação nem muito menos da hetero-regulação pública. No caso das televisões privadas, o caso é tanto mais difícil quanto está em causa uma luta de morte por recursos publicitários escassos, cujo fluxo depende naturalmente da audiência de cada uma. Neste contexto, todas as televisões privadas poderiam compartilhar da despejada proclamação de uma conspícua "intertainer" de uma delas, segunda qual "quem tem ética passa fome".

Explorando a nossa indescritível falta de cultura cívica, as estações de televisão investem no mais primário e mais boçal "voyerismo" das massas. O abismo atrai o abismo, diziam os antigos, numa escalada sem limites. Justamente nesse vergonhoso episódio a SIC bateu a audiência da sua rival!... Pedir-lhes que se auto-restrinjam pode ser simplesmente ridículo, se elas não sentirem que a alternativa é a hetero-restrição pelo poder público, nomeadamente pelo organismo que está investido nesse poder, a saber, a Alta Autoridade para a Comunicação Social.

O défice de regulação das televisões privadas tem duas origens entre nós. Por um lado, a liberalização da televisão surgiu num quadro de dicotomia entre o "serviço público", confiado à estação pública, e as televisões privadas, como se estas, apesar do impacto especial do meio sobre a opinião pública e de utilizarem, mediante licença pública, um bem do domínio público (o espectro radioeléctrico), não estivessem também sujeitas a deveres e a responsabilidades públicas. Por isso, enquanto noutras "actividades de interesse económico geral" (para utilizar uma expressão oriunda do direito comunitário), como por exemplo as telecomunicações, as empresas privadas estão sujeitas a certas "obrigações de serviço público", as televisões privadas ficaram praticamente isentas de qualquer responsabilidade pública. A própria obrigação de tempos de antena eleitorais, inscrita na própria Constituição, é generosamente paga pelo Estado.

A segunda razão para a sensação de desregulação das televisões privadas tem a ver com algumas deficiências do sistema de regulação pública. A AACS foi concebida essencialmente como uma autoridade independente, a funcionar junto da Assembleia da República. Isso quer dizer, desde logo, independência em relação ao Governo, já para evitar a ingerência partidária nos meios de comunicação, já porque nenhum ministro ousaria sancionar as infracções às leis e aos regulamentos por parte das televisões, sob pena de crucificação pelas mesmas. Mas a independência do regulador público não é menos importante em relação aos regulados, sob pena de falta de autoridade ou, pior do que isso, sob risco de "captura" da regulação pelos interessados em seu benefício.

Ora a composição da AACS deixa uma equívoca margem para a influência directa dos próprios regulados. De facto, na sua composição legal entra um representante dos jornalistas e outro das empresas de comunicação social. E mais grave do que isso, na sua composição concreta contam-se vários jornalistas ou outras personalidades ligadas ao sector. A AACS apresenta por isso uma natureza híbrida, revelando portanto uma vertente de auto-regulação parcial, que não pode deixar de ser perturbadora dos cânones e da lógica da regulação independente.

Não se pode dizer que o desempenho da AACS seja em geral negativo. Mas é claramente insuficiente, mesmo nas áreas em que o seu papel tem sido mais positivo, como na garantia do direito de resposta. Em relação às televisões a sua acção deixa francamente muito a desejar, sobretudo quando são notórias as infracções quotidianas das estações (não só as privadas, valha a verdade), no que respeita aos limites da publicidade, à obrigação de emissão de programação em língua portuguesa, à divulgação de inquéritos de opinião, às garantias do direito de resposta, ao respeito do bom nome, da privacidade e da dignidade das pessoas, bem como do rigor e isenção da informação e das regras da ética jornalística (veja-se o que se passou, por exemplo, no drama de Entre-os-Rios).

Poderes para intervir são coisa que não falta à AACS. Ela tem poder regulamentar, de emitir recomendações e directivas, de aplicar sanções. No caso da televisão as coimas podem ir até 50 mil contos e ser acompanhadas, em certos casos mais graves, de suspensão da emissão. O que não se pode dizer é que o regulador público tenha feito tão bom uso dos seus poderes quanto seria para desejar. Noutros países, ele não teria deixado de emitir normas morigeradoras dos "reality shows" e de outro "telelixo" e, em caso de infracção dos direitos individuais, não teria hesitado em punir com a devida severidade. Entre nós a AACS adoptou primeiro uma atitude de complacência, depois emitiu uma frouxa condenação do episódio mais escandaloso (o referido caso do "Bar da TV") e finalmente parece ter-se conformado ao papel de "alcoviteira" de uma tentativa de auto-regulação dos interessados, ou de co-regulação com eles.

A auto-regulação e a "regulação concertada" são sem dúvida preferíveis à hetero-regulação, desde logo porque geram a sua observância pelos interessados, evitam a intervenção pública unilateral e poupam em litigiosidade. Mas a melhor alavanca para obter uma eficaz auto-regulação ou co-regulação contra os interesses dos regulados é a existência de uma real e efectiva hetero-regulação. Uma regulação pública sem dentes ("toothless regulation" na gíria da literatura especializada) só suscita o abuso, a licenciosidade e a impunidade.

8 de Junho de 2001

DA "PEDRA DA VERGONHA"
À EDUCAÇÃO FINANCEIRA

Maria Manuel Leitão Marques

No interior do Palácio de *la Ragione*, em Pádua, que foi o tribunal de justiça na época medieval, está hoje depositada a "Pedra da Vergonha", na qual as pessoas falidas eram expostas ao ridículo antes de serem enviadas para o exílio. A pedra, de cor negra e com um aspecto gasto, sugere bem os sentimentos dos que nela se terão sentado.

Apesar de há muito ter terminado esta forma de tratar os devedores, sujeitando-os à vergonha pública e à perda da cidadania, o Secretário de Estado da Justiça sueco, esta semana em Estocolmo, veio lembrar que "quem está sobreendividado não é livre". Intervinha numa reunião promovida pelo Comité Económico e Social e pela presidência sueca da União Europeia, destinada a recolher informação e discutir a experiência dos países nórdicos da UE em matéria de endividamento e sobreendividamento das famílias.

Assume-se hoje que o crédito aos consumidores é a maneira de muitas pessoas (a maioria jovens) comprarem casa, automóvel, pagarem o casamento, a viagem de núpcias e outras coisas mais. Se tudo correr bem, o crédito de hoje será uma forma de poupança forçada de amanhã. Mas nem sempre tudo corre bem. Má gestão ou acidentes de vida podem transformar o prazer de dispor de um rendimento antecipado numa enorme complicação futura.

O crédito ao consumo constituiu, portanto, na maioria das circunstâncias, um novo risco para as famílias. E é assim que deve ser serenamente entendido e gerido, sem o dramatismo exagerado que caracterizou alguma imprensa em Portugal quando o endividamento das famílias cresceu exponencialmente no final da década de noventa. Na verdade, apesar de se tratar cada vez mais de uma relação meramente financeira, as componentes culturais, de índole religiosa, mas não só, que marcaram o crédito no passado, muitas vezes retratadas na literatura e nas artes plásticas e guardadas simbolicamente nos museus, não foram totalmente varridas do presente. Mesmo que essas componentes se tenham diluído nas economias de mercado modernas e globalizadas, onde o modo de agir dos mercados financeiros e, mais lentamente, dos seus clientes tende a normalizar-se, há ainda muitos comportamentos que persistem e que sobem à tona aqui e acolá, ora no modo de recorrer ao crédito, ora na forma de o pagar e de lidar com as dificuldades que daí possam advir ou mesmo na maneira de interpretar todo o fenómeno.

Os diferentes contextos culturais são assim relevantes na gestão do risco do crédito. Essa gestão tem vários responsáveis. A responsabilidade é, em primeiro lugar, das pessoas que o assumem e beneficiam do crédito. É igualmente das instituições de crédito, que lucram com o negócio, sobretudo quando não cumprem as suas obrigações de prestar informação de uma forma clara e transparente. E é subsidiariamente das autoridades públicas, que devem favorecer todas as formas de prevenção ao seu alcance, regular a relação contratual para evitar situações abusivas e, por último, proporcionar instrumentos que permitam não eternizar as situações de sobreendividamento não recuperáveis, evitando, nomeadamente, a exclusão social e outros problemas graves que daí podem advir. (Transferir toda a responsabilidade para o Estado, que deveria pagar as dívidas das pessoas com dificuldades porque as deixou endividarem-se, como já ouvi defender a um presidente de uma câmara municipal do norte de Portugal, que por acaso não era de nenhum partido de esquerda, constitui mais um sinal de uma cultura paternalista que teima, infelizmente, em permanecer).

A responsabilidade das autoridades públicas reside também na regulação do sistema financeiro, e este aspecto não será o menos importante a ter em conta. Instituições de crédito excessivamente endividadas tenderão a forçar o alargamento da sua base de clientes ou do número de contratos através das mais variadas formas de crédito, esgotado que esteja o mercado do crédito para compras de bens duradouros mais ou menos essenciais. A avaliar pela publicidade hoje frequente na televisão aos cartões de crédito (o chamado crédito "revolving"), alguma dela bem pouco transparente, a situação em Portugal pode estar a orientar-se para formas de crédito susceptíveis de fazer crescer o multiendividamento, que constitui a situação de maior risco e de mais difícil gestão individual quando ocorrem as primeiras dificuldades.

A gestão do risco do crédito tem também diferentes momentos. Inclui, o momento da monitorização, através de informação rigorosa, o momento da prevenção e o momento do apoio ao devedor sobreendividado em situação de incumprimento ou à beira dela.

Foram várias as intervenções na reunião de Estocolmo que chamaram a atenção para a importância da educação financeira, a começar "nas escolas primárias", como forma privilegiada de prevenir o risco do endividamento excessivo, apesar de a tradição protestante permitir uma compreensão da função do dinheiro bem mais profunda do que a católica. Por maioria de razão, este apelo é válido para os países do Sul.

Outras formas de prevenção são os seguros de crédito (*safety credit*), a transparência e a qualidade da informação transmitida aos consumidores sobre as condições contratuais e a informação disponibilizada às instituições de crédito, através de bases de dados que lhes permitam conhecer as responsabilidades já efectivamente assumidas pelo potencial devedor. A Comissão Europeia (Direcção-Geral V), também presente na reunião de Estocolmo, referiu que qualquer destes aspectos merece a sua atenção e anunciou algumas propostas que constam do documento que acaba de ser posto à discussão para preparar a alteração à Directiva sobre o crédito ao consumo.

O aconselhamento, no momento da contratação do crédito, depois, quando surgem as primeiras dificuldades ou, mais tarde, quando se atrasam os pagamentos, é também um aspecto fundamental na gestão do risco. As experiências da Suécia e da Finlândia quanto aos centros de aconselhamento municipais constituem seguramente uma "boa prática" a divulgar em outros países. Trata-se de um apoio de proximidade e informal e por isso de fácil acesso. A enorme percentagem de situações que são resolvidas sem qualquer recurso aos tribunais, através do apoio prestado ao devedor em dificuldades (como contactar os seus credores, as propostas a fazer-lhes e a respectiva negociação) mostra como estas alternativas aos processos puramente judiciais (como o dinamarquês) merecem ser olhadas com muita atenção.

Constituir uma rede europeia para a troca de experiências e mesmo para ajudar a resolver problemas transfronteiriços (como é já, de algum modo, a *Consumer DebtNet*) foi, por último, um dos aspectos considerado importante na reunião, mesmo que as iniciativas a desenvolver não possam ignorar o contexto cultural, os estilos de vida e os hábitos de consumo, os sistemas de protecção social e as tradições políticas e judiciais dominantes em cada país.

22 de Junho de 2001

SERVIÇOS PROFISSIONAIS E CONCORRÊNCIA

Vital Moreira

Tradicionalmente, na Europa continental, as profissões liberais, e várias outras, estão organizadas em corporações públicas obrigatórias, entre nós por vezes chamadas "ordens", que são reconhecidas ou mesmo instituídas pelo poder público e por ele dotadas de vastos poderes de regulação, incluindo poderes normativos (códigos deontológicos, entre outros), poderes administrativos (licenciamento do acesso à profissão, por exemplo), e poderes sancionatórios (sanções disciplinares). Trata-se portanto de um fenómeno de auto-regulação oficial, em que o Estado abdica de poderes reguladores e os confere à própria profissão organizada.

Na verdade, porém, em muitos casos as corporações públicas profissionais funcionam como verdadeiros cartéis legalmente estabelecidos, que controlam o acesso e o exercício da profissão e exercem a disciplina da profissão em sentido proteccionista dos próprios interesses profissionais. Entre os instrumentos típicos da regulação profissional contam-se as restrições à entrada na profissão, a fixação mais ou menos estrita de honorários e a proibição de publicidade. Em suma, trata-se de verdadeiras coligações de profissionais para limitar a concorrência.

Em geral esta regulação das profissões é justificada em nome do interesse público e da ética da profissão. Mas existem dados e pesquisas que demonstram que ela funciona essencialmente em benefício dos profissionais, reduzindo a oferta, mantendo artificialmente preços altos e protegendo a profissão contra os clientes e contra o interesse público. Isso é tanto mais assim quanto mais forte for o poder das profissões, quanto mais débil for o controlo público sobre elas. É o que sucede em Portugal, onde as corporações profissionais públicas não cessam de proliferar, onde elas funcionam como poderosos grupos de interesse oficiais, onde o Estado abdicou de todo o controlo sobre elas, deixando-as em roda livre, e onde várias delas levaram ao extremo a sua função de cartel profissional.

O malthusianismo profissional, votado à limitação do acesso, verifica-se logo bem a montante, no estrangulamento do acesso à formação académica necessária para o exercício da profissão. O caso mais escandaloso em Portugal sucedeu com o caso dos médicos, que durante quase vinte anos impediram a criação de novas escolas de medicina e forçaram um "numerus clausus" extremamente baixo no acesso às faculdades existentes. Essa posição da Ordem dos Médicos veio a ser seguida mais tarde por outras corporações profissionais. Recentemente as ordens dos advogados, dos farmacêuticos e dos médicos veterinários protestaram contra a criação de novas escolas ou cursos de ensino superior nessas áreas.

Mais recentemente sobreveio o controlo da entrada na própria profissão, multiplicando os requisitos de credenciação dos cursos pela respectiva ordem e sobretudo instituindo maior exigência na formação e nos estágios profissionais promovidos pelas próprias ordens. As maciças reprovações no recente teste da Ordem dos Advogados em Lisboa revelam uma nova estratégia na restrição da entrada na profissão. É evidente que por detrás desta inédita atitude está uma implícita contingentação do acesso à advocacia. Há indícios de que outras corporações profissionais se preparam para copiar o modelo.

Mais generalizada ainda é fixação mais ou menos estrita dos honorários pela própria corporação profissional, ou pela lei sobre pressão dela. Ainda recentemente a associação profissional oficial dos técnicos de contas foi censurada judicialmente por ter tabelado os respectivos honorários. Mas a verdade é que uma profissão afim, a dos revisores oficiais de contas, tem essa faculdade expressamente admitida no respectivo estatuto legal. Caso peculiar é o dos arquitectos, cujas tabelas de honorários os estabelecem numa percentagem do previsível valor da obra!...

Do mesmo modo, quase todas as corporações profissionais preservam uma cultura de hostilidade à publicidade nas profissões liberais, estabelecendo severos limites à mesma, sob pena de sanções disciplinares. Assim, por exemplo, os advogados não podem anunciar mais do que o seu nome e a localização e contactos dos seus escritórios. É obvio que as desproporcionadas limitações à publicidade prejudicam muito a entrada de novos profissionais, sendo um entrave à concorrência.

Esta situação das profissões liberais e afins vai claramente ao arrepio do espírito do tempo e dos próprios princípios da ordem económica comunitária, baseada na liberdade económica e na concorrência. Hoje as profissões liberais fazem parte integrante da economia de mercado. Nenhuma razão existe para manter uma reserva de economia corporativa.

No entanto, por essa Europa fora as coisas começam a mudar no sentido de descartelização das profissões liberais e de introdução de mecanismos de concorrência em favor da qualidade dos serviços e da protecção dos consumidores.

Na Espanha, onde aliás as restrições à entrada na profissão estão longe de igualar as do nosso país, desde há anos que a autoridade nacional da concorrência estabeleceu o princípio de que os serviços profissionais não estão imunes às regras nacionais da concorrência na economia. E por exemplo a ordem dos advogados da Catalunha acaba de aprovar o seu primeiro código de regulação da profissão, eliminando restrições da concorrência e estabelecendo mesmo instrumentos de promoção da mesma, salvaguardando porém a proibição da concorrência desleal. Assim, liberaliza-se a publicidade nos mesmos termos que qualquer outro sector profissional, salvo algumas limitações éticas (por exemplo, publicidade dirigida a vítimas de acidentes). E em matéria de honorários, que são livres, dá-se ao cliente o direito de exigir orçamento por escrito antes de qualquer compromisso.

Por sua vez, na Alemanha, tradicionalmente conhecida pela estrita regulação das profissões liberais, concebidas como actividades não comerciais, e logo não submetidas às suas regras, a publicidade da profissão médica acaba de ser liberalizada, em termos idênticos ao das demais profissões, aí também apenas com algumas limitações éticas.

Avolumam-se portanto os sinais de uma mudança substancial nesta matéria. As profissões liberais não podem continuar submetidas a um regime de auto-regulação em benefício próprio, assente na limitação da oferta, na regulação de preços e na proibição de publicidade. A modernização da economia europeia, em que os serviços profissionais ocupam um relevo crescente, exige uma nova regulação das profissões liberais. Uma regulação para a concorrência, em vez do monopólio e do cartel corporativo, como até agora.

Em Portugal onde há notícia de que se prepara uma lei-quadro das corporações profissionais públicas, tudo requer uma explícita compatibilização entre os respectivos poderes reguladores e a defesa da concorrência profissional.

6 de Julho de 2001

MICROSOFT:
A DECISÃO ADIADA AINDA TERÁ EFEITO ÚTIL?

Maria Manuel Leitão Marques

Num dos muitos "cartoons" publicados no decurso do processo contra a Microsoft estava representada a figura feminina da justiça, empunhando uma enorme faca com a qual cortava ao meio o célebre dono da empresa, Bill Gates. Na legenda afirmava-se que "Salomão era um fraco!", numa alusão à sentença do District Court de ordenar a divisão da Microsoft em duas empresas.

Mas a decisão do Tribunal de Recursos (Court of Appeals) do passado dia 28 de Junho, revogando aquela primeira decisão judicial, pôs fim à "ousadia" do Juiz Jackson. A decisão tem sido objecto de várias interpretações: para uns ela representa uma clara vitória da Microsoft, para outros não é tanto assim, na medida em que a Microsoft será obrigada, a partir de agora, a rever algumas das suas práticas comerciais mais agressivas. Vejamos então onde o Tribunal de Recursos deu razão ao District Court e onde o contrariou.

Em primeiro lugar, a faca da "justiça" deverá ser recolhida e a Microsoft pode manter as suas actividades numa só empresa. Nesta questão essencial Bill Gates levou portanto a melhor.

Em sentido contrário, o Tribunal de Recursos confirmou a decisão do District Court de que a Microsoft manteve ilegalmente (através de uma conduta predatória) uma posição monopolista no mercado dos sistemas operativos Intel-Compatible (mercado relevante), em violação do § 2 do Sherman Act. Os fundamentos desta decisão assentam nos seguintes considerandos principais: primeiro, no modo como a Microsoft integrou o Internet Explorer no sistema operativo Windows; nos negócios que propôs ou celebrou com os Original Equipments Manufacturers (OEM), os fornecedores de acesso à Internet, os fornecedores de conteúdos para a Internet, os distribuidores independentes de software e com a Apple; nos seus esforços para impedir o desenvolvimento da tecnologia Java; e na sua conduta como um todo.

Mas o Tribunal de Recursos revogou a decisão do District Court também na parte em que este concluíra que a Microsoft tentou monopolizar o mercado dos Internet Browsers, em violação do mesmo preceito do Sherman Act, tendo abandonado a condenação *per se* das vendas ligadas ilegais em favor da "regra da razão", reenviando o caso para o District Court para ser apreciado de novo segundo este padrão, o que constitui um dos aspectos mais controversos da decisão.

A prática de vendas ligadas ("tying") pressupõe a existência de dois produtos ou serviços separados, sendo a venda de um condicionada (artificialmente) à compra do outro. A empresa utiliza o seu poder de mercado no produto-base para o estender ao produto ligado. No caso da Microsoft o District Court tinha entendido que o sistema operativo Windows e o "browser" Internet Explorer eram produtos distintos aos olhos dos consumidores, os quais baseavam a escolha de um "web browser" nas características próprias do "browser" e não do sistema operativo. A decisão da Microsoft de apenas comercializar uma versão do Windows integrada com o seu web browser (como um pacote) não derivava de necessidades técnicas e o facto de o produto ligado (o web browser) ter sido comercializado a custo-zero não significava que implicitamente os consumidores não estivessem a pagá-lo no "pacote".

O Tribunal de Recursos anulou essa decisão com base no entendimento de que o padrão de aferição da (i)legalidade das vendas ligadas no que respeita ao comércio de produtos de software deverá ser a "regra da razão" e não a condenação *per se*. Basicamente, isso significa que uma prática poderá ser permitida (mesmo com alguns efeitos anti-concorrenciais) se se provar que dela derivam vantagens em termos de eficiência económica e para os consumidores.

O Tribunal de Recursos considerou não ter provas suficientes sobre o efeito das vendas ligadas na indústria de software no equilíbrio das vantagens/desvantagens para o consumidor, nem sobre o cerceamento da possibilidade de escolha do consumidor em consequência da integração dos dois produtos, para poder fazer um julgamento justo quanto à totalidade do comportamento da Microsoft.

Se os produtos são apenas "misturados" de uma maneira que limita as possibilidades de escolha do consumidor, isso não tem qualquer justificação, sendo condenável. Mas se se trata de produtos que são integrados (com o mesmo "software code"), tal integração pode não ser, necessariamente, ilegal. No caso da Microsoft, a questão passa a ser, portanto, não a de provar que o Windows e o Internet Explorer são produtos separados, mas sim a de aferir correctamente as vantagens da sua integração para o consumidor.

A decisão final fica, portanto, em aberto, remetida para nova apreciação pelo tribunal de primeira instância, cabendo agora ao Governo a prova de que os possíveis benefícios das vendas ligadas do sistema operativo com o browser são, neste caso, uma ilusão e que portanto não faz sentido aplicar a "regra da razão".

Em aberto e sem resposta ficam também, por ora, duas das questões mais importantes que este caso suscitou ao direito da concorrência. A primeira é da saber se os conceitos tradicionais do direito da concorrência (como o de vendas ligadas ou mesmo o de monopólio) são aplicáveis à indústria de software, nos mesmos termos em que têm sido aplicados aos sectores da chamada "economia tradicional". E a segunda é a de saber se a velocidade com que muda a indústria de software é compatível com a natural complexidade e consequente morosidade dos processos antitrust. Será que quando o District Court vier a apreciar a venda ligada do sistema operativo Windows com o browser Internet Explorer, à luz da "regra da razão", ainda estaremos a utilizar (nós os consumidores) os mesmos procedimentos de acesso à Internet?

20 de Julho de 2001

«SERVIÇOS DE INTERESSE ECONÓMICO GERAL» E MERCADO

Vital Moreira

Um dos aspectos originais da Carta de Direitos Fundamentais da União Europeia, aprovada na cimeira de Nice do ano passado, foi o reconhecimento de um direito aos «serviços de interesse económico geral». Na verdade, o Tratado da União Europeia já incorporava uma menção a tais serviços (art. 16.º). Mas não como direito fundamental dos cidadãos, como agora, mas sim somente como princípio geral objectivo da ordem «constitucional» comunitária.

Não admira por isso que os serviços de interesse económico geral venham suscitando uma crescente atenção da doutrina, tanto a nível nacional como europeu. Testemunho disso é por exemplo a recente publicação de uma colectânea de estudos intitulada «Les services d'interêt économique générale en Europe», editada pelo Centro Europeu das Empresas com Participação Pública e Empresas de Interesse Económico Geral (CEEP), iniciativa preparatória de um seminário europeu sobre o mesmo tema. Trata-se de uma abordagem assaz fecunda da questão.

O que são os serviços de interesse económico geral?

Trata-se essencialmente da nova versão dos tradicionais «serviços públicos», mediante os quais os poderes públicos (Estado e municípios) garantiam a todos os cidadãos um núcleo de serviços essenciais à vida, como água, energia, transportes colectivos, telecomunicações, etc. Tais serviços eram fornecidos directamente pelos poderes públicos, mediante organismos específicos (empresas públicas, estabelecimentos públicos), ou por empresas privadas delegatárias ou concessionárias do poder público. Em qualquer dos casos, tais serviços públicos estavam em geral sujeitos a um regime de exclusivo ou de monopólio, com regulação pública das tarifas e demais condições de prestação do serviço em causa. A regra era tratar-se de serviços por assim dizer «fora do mercado» e portanto excluídos da aplicação das regras da concorrência.

Com o movimento de liberalização e privatização iniciado nos anos 80, não tardou a extensão dessa mesma lógica aos serviços públicos tradicionais. Nesse aspecto a Comunidade Europeia, através de um série de directivas, veio impor a abertura desses sectores à concorrência, começando pelas telecomunicações, passando pela energia, até aos serviços postais, entre outros. Em qualquer dos casos a via escolhida foi a de liberalizar e submeter progressivamente às regras de concorrência os vários estádios da «fileira» da produção de cada um desses serviços, com excepção dos que envolvessem a existência de «monopólios naturais», como sucede por exemplo com as redes de transporte e distribuição de electricidade, de gás ou de água.

No entanto, a fim de preservar as missões que tradicionalmente justificavam os serviços públicos, as diferentes directivas comunitárias foram impondo ou admitindo que os Estados impusessem determinadas «obrigações de serviço público» nos diferentes «serviços de interesse económico geral» (serviços telefónicos, electricidade, gás natural, serviços postais, etc.).

Com excepção das telecomunicações, não existe uma definição comunitária de «obrigações de serviço público», cabendo aos Estados a sua definição e implementação. Mas entre tais obrigações contam-se, entre outras, as seguintes: garantia do funcionamento desses serviços e da segurança do abastecimento; obrigação de abastecimento de todo o território e de todos os cidadãos («serviço universal»); igualdade de acesso dos utentes e, em princípio, igualdade tarifária, independentemente dos custos do respectivo abastecimento; garantia da qualidade e da continuidade do abastecimento; outras obrigações de diferente natureza, como por exemplo a obrigação, imposta aos distribuidores de electricidade, de aquisição da energia eléctrica produzida mediante fontes de energia renováveis.

Na maior parte dos casos o funcionamento das regras do mercado não garantiria a satisfação dessas missões. Em princípio, portanto, as obrigações de serviço público são as exigências feitas aos operadores que eles não satisfariam de acordo com a simples racionalidade económica, por implicarem custos superiores aos rendimentos (assim por exemplo a obrigação de fornecimento de energia ou água a habitações isoladas dos aglomerados urbanos, a obrigação de manter carreiras de transporte rodoviário, ferroviário ou aéreo para destinos sem procura capaz de assegurar a cobertura dos custos da operação, etc.).

Por isso, o cumprimento das obrigações de serviço público requer ou a prestação directa pelos próprios poderes públicos (solução tradicional), ou a sua imposição aos operadores privados.

No segundo caso, os serviços de interesse económico geral supõem um regime mais ou menos intenso de regulação pública, incluindo uma autoridade reguladora, com poderes para implementar e superintender a observância das obrigações de serviço público e de sancionar as eventuais infracções aos respectivos deveres. Não é por acaso que hoje os sectores mais regulados são justamente os serviços de interesse económico geral liberalizados.

Um dos problemas mais delicados dos serviços de interesse económico geral é o do financiamento dos custos adicionais das obrigações de serviço público. Se por exemplo uma empresa de transportes públicos é obrigada, por razões sociais, a fornecer transporte a preços abaixo do respectivo custo (passes sociais), é evidente que os encargos adicionais têm de ser cobertos de algum modo; e o mesmo sucede quando uma empresa de telecomunicações é obrigada a fornecer a todos os interessados um serviço de telefone a preços acessíveis, independentemente da distância; ou quando uma companhia aérea é obrigada a manter uma frequência de voos maior do que o necessário para determinados destinos (por exemplo, as regiões autónomas). Os exemplos poderiam multiplicar-se.

As soluções tradicionais de financiamento das obrigações de serviço público são a subvenção a cargo do orçamento do

Estado (por exemplo, as chamadas «indemnizações compensatórias» aos operadores de transportes públicos), o recurso a um fundo especial de financiamento alimentado por contribuições dos diversos operadores e/ou utentes, ou o «financiamento cruzado» pelos utentes do mesmo ou de outro serviço do mesmo operador. Por exemplo, entre nós a tarifa nacional única do consumo de electricidade significa que os custos de fornecimento acima da tarifa são compensados pelo diferencial adicional pago pelos demais utentes, que em regime de liberdade de escolha de fornecedor e de liberdade de preço poderiam pagar menos do que o valor da tarifa nacional única.

A questão fundamental dos serviços de interesse económico geral consiste no compromisso entre as obrigações de serviço público e a implementação de um mercado concorrencial nesses sectores. Se a liberdade de empresa e a concorrência estão na base da «constituição económica» comunitária, não é menos verdade que os serviços de interesse económico geral fazem parte integrante do modelo europeu de sociedade.

17 de Agosto de 2001

PROCURAM-SE SOLUÇÕES

Maria Manuel Leitão Marques

1. À saída de Maputo, em direcção ao Norte, junto de um dos muitos mercados populares que rodeiam a capital de Moçambique, acha-se uma insólita placa que, em letras toscas, anuncia "Vendem-se soluções". Não cheguei a saber que soluções se oferecem na barraca, mas é de admitir que sejam tantas e tão diversificadas como as que uns quilómetros à frente estão disponíveis na farmácia tradicional do mercado de Macia, à beira da estrada: solução para "problema no tribunal", para "problema matrimonial" e por aí adiante.

São "pequenas soluções" para os muitos "pequenos" problemas que afectam o quotidiano das populações mais desfavorecidas. Mas talvez a solução viável para um novo equilíbrio económico, social e político em muitos dos países da África subsahariana passe exactamente por um conjunto articulado e coerente de pequenas soluções adequadas aos seus problemas.

2. O Chico tem 45 anos e é pescador na Ilha do Ibo, no norte de Moçambique. Tem quatro filhos, um dos quais completará o 12.º ano, em Pemba, a capital da província, no ano que vem. É um bom aluno e já ensina, à noite, na mesquita (a região é preponderantemente islâmica). O maior desejo do Chico é mandar o filho estudar para Nampula, onde existe a Universidade Católica. Trabalha quanto pode e no seu barco à vela chega a viajar para a Tanzânia, atravessando a corrente poderosa da foz do Rovuma.

Mas o desejo do Chico não é fácil de atingir. No Ibo não há electricidade e quando ele tem sorte e a pesca é boa não tem mercado local para ele, só lhe restando abrir o peixe e secá-lo ao sol para vender mais tarde em época de escassez. Antes de o poder vender passam dois meses ou mais, durante os quais o pescador não obtém qualquer rendimento da sua actividade. Para o Chico e outros como ele a "pequena solução" seria existir um "frigorífico", ao qual vendesse o excedente do seu peixe que o dono depois se encarregaria de comercializar noutro mercado, como já acontece em Mfunfo, uma outra ilha do mesmo arquipélago das Quirimbas. (Ao passarmos ao largo dela, no dia anterior, o nosso marinheiro tinha apontado o entreposto frigorífico, com o mesmo entusiasmo com que chamava a atenção para a uma espécie marinha rara).

Para aqueles que ainda pensam que a função comercial é perdulária, esta constitui uma excelente lição, tal como o é a do "Peixe da Mamã", uma espécie de rede de franquia que distribui peixe congelado através de pequenas lojas nos mercados populares de várias cidades e aldeias de Moçambique.

3. Mas se a imaginação do mercado vai oferecendo estas pequenas e eficazes soluções, outras dificilmente poderão dela vir naturalmente a resultar. Bem pelo contrário. Por exemplo, quem senão o Estado pode proibir que a madeira de Cabo Delgado seja exportada em toros, em vez de ser previamente serrada, o que criaria emprego e estimularia competências? Quem senão o poder político pode impedir que se construa na primeira duna na Praia da Barra, em Inhambane, e em muitos outros lugares ao longo do litoral, mesmo que isso degrade indelevelmente o ambiente e seja previsível que, em breve, o mar se vingue? Em nome de que dogma se implementou a liberalização do comércio do caju? Quem paga agora os efeitos nefastos (por todos reconhecidos) e dificilmente recuperáveis do encerramento das fábricas?

Tal como noutras latitudes, os países de África necessitam de regulação pública apropriada. Mas também ela passa por pequenas soluções regulatórias susceptíveis de serem facilmente aplicadas, em vez de sofisticados códigos importados (e bem pagos) de algures mais para norte ou ocidente, sem as mínimas condições de serem aplicados. Regular exige uma administração minimamente fortalecida e mais ou menos descentralizada, capaz de ver e ouvir de perto. Mas mais do que tudo isto, África precisa de população capacitada, sem a qual a fragilidade das instituições é acrescida e a regulação é cada vez mais permeável à ineficiência e à corrupção.

4. Na estrada de Inhambane para o Tofo, junto ao mar, muitas crianças sentam-se no chão, alinhadas debaixo de um grande cajueiro. Ouvem atentamente o professor que não tem mais do que a voz para ensinar. Andam quilómetros para chegar à sua escola, que é capaz de funcionar por turnos, como acontece em muitas escolas da província. Em casa não têm luz, nem água muito por perto. Estas crianças (e são muitas) vão, pelo menos, aprender a ler e a escrever, o que não foi possível aos seus pais e aos seus avós. É um notável progresso.

Mas a distância no acesso ao conhecimento, que as separa da maioria das crianças europeias (ou das que frequentam as modernas escola privadas de Maputo), não é provavelmente menor da que então separava os seus antepassados analfabetos de um europeu médio. Apesar do enorme esforço que representa manter uma rede escolar básica em países com tantas crianças e tão poucos recursos, é aí, na capacitação das pessoas, que África corre o risco de ver aumentar a sua diferença relativamente aos países europeus, de tal modo que esse será, não apenas hoje mas sobretudo no futuro, o seu problema mais difícil de resolver, particularmente porque dele dependem muitos outros, seja para a administração, seja para o mercado. Quantas pequenas soluções de lápis e papel e de formação de formadores permitiriam, pelo menos, minorar esta diferença?

5. O maior risco em países africanos que passaram por experiências de economia colectivizada e estatizada, como Moçambique, com o dramático fracasso que elas significaram, é de caírem no extremo contrário, da privatização sem limites e da desregulação sem freios. O resultado pode ser a degradação dos poucos serviços públicos essenciais já existentes, imprescindí-

veis a um mínimo de coesão económica e social, o desbaratamento do património público e o aumento gritante da desigualdade social.

O equilíbrio entre o visível e o invisível, entre o social e o económico, entre o comunitário e o individual, não é fácil de obter em lado nenhum, e em África muito menos. A exportação das "grandes soluções" – do Estado hiperprestador ao mercado tantas vezes predador – já mostrou "desconseguir". Procuremos as pequenas e médias soluções localmente adequadas.

31 de Agosto de 2001

OS PREÇOS DOS BENS E SERVIÇOS PÚBLICOS

Vital Moreira

Nos últimos tempos suscitaram atenção três casos respeitantes ao preço de bens ou serviços públicos que juntamente com necessidades colectivas satisfazem também necessidades individuais e que por isso podem ser estar sujeitos a preços de utilização ou de consumo. Foi o caso, mais uma vez das propinas do ensino superior, outra vez das portagens da Ponte sobre o Tejo, em Lisboa, e também das taxas de utilização da água de rega da futura barragem do Alqueva.

Nos dois primeiros casos, os respectivos beneficiários opõem-se a qualquer subida dos preços. E no terceiro vieram protestar contra os preços anunciados. No entanto, em todos esses casos trata-se de preços que estão substancialmente abaixo dos custos de fornecimento desses bens ou serviços, e no caso das universidades não cobrem senão uma pequena fracção dos respectivos custos (menos de 10%). Importa saber se se justifica este défice dos preços desses bens e serviços públicos, com a inerente necessidade de cobertura da diferença por via dos impostos cobrados sobre todos os contribuintes.

Consideremos o caso do ensino superior público. Tem justificação esse enorme subsídio público aos estudantes do ensino superior? No caso do ensino básico a gratuitidade vigente tem todo o sentido. É um serviço universal de frequência obrigatória, sendo um mínimo razoável de instrução uma condição essencial de funcionamento da economia e da própria democracia. Ainda é defensável a gratuitidade no ensino secundário, que se pretende generalizar a toda a gente. Mas no caso do ensino superior não é isso que se verifica. Não é um serviço universal, desde logo porque uma parte substancial dos jovens portugueses não têm possibilidade de o frequentar, mesmo sendo gratuito. Quem o frequenta são ainda sobretudo os filhos das classes média e alta, bem como uma pequena percentagem de estudantes de origens mais modestas, que beneficiam de bolsas de estudo. Ora, a quase gratuitidade do ensino superior público, além de subsidiar com dinheiro dos impostos quem menos precisa, limita também os recursos financeiros disponíveis para bolsas de estudo, que permitiriam ampliar a frequência do ensino superior a quem não pode fazê-lo por razões económicas. A solução para a discriminação social do ensino superior não está portanto na (quase) gratuitidade do mesmo, como hoje sucede, mas sim em elevar as propinas, com isenção para quem tenha baixos rendimentos e ampliação do número de beneficiários de bolsas.

No caso das portagens da Ponte sobre o Tejo, não está somente em causa a amortização de um vultuosíssimo investimento público, que desde o início deveria ser efectuado à custa da sua utilização pelos utentes e não pelos impostos dos contribuintes de todo o País. Importa também considerar os efeitos do montante das portagens sobre o volume de tráfego, sobre a "inundação" de Lisboa com automóveis e sobre a utilização alternativa da travessia ferroviária. A falta de actualização do valor das portagens da travessia rodoviária, de acordo com o contrato de concessão, obriga o Estado a indemnizar a empresa concessionária pela perda das competentes receitas. Acresce que a não actualização das portagens não cria incentivo para a troca do automóvel pelo comboio, o qual está a ter menos procura do que o previsto no contrato de concessão com a companhia ferroviária, obrigando o Estado a indemnizar esta pelo correspondente défice de receitas. Não se pode imaginar situação mais irracional, com o Estado (ou seja, os contribuintes de todo o País) a terem de suportar as vantagens dos automobilistas da região de Lisboa e da margem sul do Tejo, com a agravante de estar a favorecer as soluções ambientalmente mais nocivas (o transporte particular rodoviário contra o transporte colectivo ferroviário) e a agravar o inferno do trânsito na capital, em geral, e na travessia da ponte, em especial.

Não é menos controversa a questão das tarifas de utilização da água dos empreendimentos hidroagrícolas financiados pelo Estado. O problema surgiu agora em relação a Alqueva, mas coloca-se em relação à generalidade dos demais perímetros de rega. Em muitas situações trata-se de preços "políticos", fixados por pressão dos próprios beneficiários das obras de rega em valores muito inferiores ao da amortização do investimento público e aos custos de manutenção e gestão. Ora, por um lado, a água é um recurso cada vez mais escasso. Os empresários agrícolas ou agro-industriais são os que tiram proveito das obras de rega. Na maior parte dos casos, sobretudo no Alentejo, trata-se de grandes agricultores. Não se vê por isso qualquer razão para o subsídio, muitas vezes substancial, exigido às finanças públicas em relação a essas empresas. Ainda por cima, esses subsídios acrescem aos privilégios fiscais dos bens fundiários e dos empreendimentos agrícolas, para além das benesses da PAC e do proteccionismo da UE em relação às importações agrícolas.

Há que superar decididamente a ideia de que os serviços públicos e a utilização dos bens públicos devem ser gratuitos ou, pelo menos, mais ou menos subsidiados. Na generalidade dos casos a função do serviço público deve esgotar-se em o Estado garantir a sua existência e funcionamento (universidades, pontes, obras de rega, tal como tribunais, serviços públicos de água e electricidade, etc.). Em casos contados os serviços públicos podem e devem ser gratuitos ou tendencialmente gratuitos, e alguns desses casos gozam mesmo de garantia constitucional entre nós (serviço nacional de saúde, ensino básico). Razões sociais, de protecção ambiental ou outras razões igualmente relevantes podem também justificar o subsídio público das "obrigações de serviço público" das agora chamadas "actividades de interesse económico geral" (energia, transportes colectivos, telecomunicações, etc.).

Mas nos casos acima apontados nada justifica (salvo o peso dos grupos de interesses que disso beneficiam) o subsídio público ou a quase gratuitidade (no caso do ensino superior público). A protecção dos interesses das pessoas economicamente mais débeis deve ser feita por subvenções ou deduções personalizadas e não por formas de subsídio ou isenção generalizadas, que só beneficiam os mais abastados.

Por isso, torna-se necessária uma reavaliação geral dos preços e tarifas dos serviços públicos e da utilização de bens públicos, em termos da sua racionalidade económica e social e de adequada alocação dos recursos públicos. Poucas coisas existem menos razoáveis do que pôr todos os contribuintes, mesmo os de menores rendimentos, a contribuir para manter os privilégios dos grupos mais poderosos.

14 de Setembro de 2001

PARTILHAR O RISCO, GARANTIR A SEGURANÇA

Maria Manuel Leitão Marques

Risco e segurança foram as palavras mais proferidas nas últimas semanas, tornando-se evidente que a sua regulação, mesmo que varie conforme os tipos de risco e de segurança, assumirá um padrão algo diferente do paradigma neoliberal do final do século passado.

Os recentes acontecimentos dos EUA são apenas um exemplo entre outros que comprovam a centralidade da regulação das duas áreas consideradas. No âmbito académico, o reconhecimento dessa importância resulta da investigação que vem sendo realizada sobre a regulação do risco. Refira-se apenas, a título de exemplo, a existência na London School of Economics de um centro de investigação especificamente dedicado à análise do risco e da regulação (*Centre for Analysis of Risk and Regulation*).

A regulação do risco é definida como a interferência governamental nos processos sociais ou de mercado, de modo a controlar potenciais consequências perigosas para a saúde e segurança. A sua geografia institucional varia em função de factores com a escala (desde a jurisdição internacional à jurisdição local), a integração (de acordo com o número de serviços públicos destinados ao controle do risco) ou a especialização. O regime regulatório depende também de os riscos serem ou não susceptíveis de previsão. Se se trata de riscos imprevisíveis (fatalidades, como os desastres naturais) a sua gestão só minimamente pode ser feita ex-ante, enquanto noutros domínios, como a poluição ou a alimentação, a atenção deve ser virada para a precaução e soluções antecipatórias, abrangendo toda a sociedade.

O tipo de risco e o contexto cultural em que ocorre a sua regulação interferem também na forma com se executa a sua gestão. O modelo de partilha do risco pode ser mais ou menos individualizado – transferindo os riscos para os cidadãos – ou socializado – fazendo a sociedade assumir os principais encargos, mesmos que o risco tenha sido assumido individualmente (sobreendividamento, desportos radicais, etc.).

Contudo, nem sempre é fácil uma tipificação dos riscos perfeitamente clara, o que torna a sua regulação num processo bastante complexo. Podemos confirmar essa complexidade através de vários exemplos colhidos no nosso quotidiano.

As medidas de segurança nas viagens de avião irão seguramente alterar-se, intensificando-se o controle de passageiros e bagagens. Muito provavelmente (re)regular-se-ão alguns aspectos do transporte aéreo abrangidos pela vaga liberalizadora dos anos 90. Isso não significa, contudo, que todos os riscos possam ser prevenidos em matéria de segurança, como serenamente lembrava o presidente do INAC, na noite dos trágicos acontecimentos de 11 de Setembro.

A falta de confidencialidade dos dados pessoais é o risco mais temido por todos os que transferiram os seus locais de compra para o espaço virtual (veja-se o inquérito da Unicre aos consumidores portugueses). Mas também neste domínio, por muitas que sejam as garantias oferecidas pelos comerciantes electrónicos, são conhecidas as capacidades inventivas (dificilmente antecipáveis) dos violadores dos segredos informáticos.

Os cuidados médicos e a administração de medicamentos implicam diariamente uma avaliação do risco. Muitas vezes os profissionais de saúde assumem de forma trivializada essa função, ao prescreverem medicamentos cujos efeitos colaterais não são ainda totalmente conhecidos. Outras vezes, transferem essa responsabilidade para os seus doentes, dando-lhes a escolher entre o procedimento A ou B e respectivos riscos implicados. Fora de uma área de «certezas relativamente absolutas», a medicina gere riscos (nem todos antecipáveis) e inseguranças que compete à regulação partilhar entre os investigadores, as empresas farmacêuticas, os profissionais de saúde e o doente.

A alimentação constitui um dos riscos mais ocultos presentes nas sociedades actuais. O caso das vacas loucas despoletou apenas um problema. As consequências da interferência nos meios naturais de crescimento, que vão dos animais engordados à custa de hormonas aos vegetais multiplicados à custa de produtos químicos, para já não falar nos produtos geneticamente manipulados, estão ainda longe de serem totalmente visíveis. Por hoje beneficiamos das vantagens da abundância. Mas quem assumirá os riscos quando eles se tornarem conhecidos?

Também nas actividades de lazer se colocam crescentemente problemas de risco e segurança. Viagens e desportos radicais fazem parte da oferta disponível no mercado e atraem consumidores de todas as idades. Os acidentes com elas relacionados mobilizam meios mais que proporcionais à radicalidade da aventura. A quem compete gerir o risco e garantir a segurança?

No crédito aos consumidores, a forma de gestão do risco e a prevenção do sobreendividamento constituem uma das maiores dificuldades da regulação a ele associada. Como partilhar o risco entre instituições financeiras, consumidores e autoridades públicas?

Queiramos ou não, uma parte maior ou menor dos riscos que corremos na nossa vida diária, dos mais pequenos gestos, como uma simples refeição, aos mais arrojados, como a subida ao pico da montanha, dificilmente deixará de ser individualmente assumida. Para que isso aconteça é imprescindível garantir a transparência da informação disponibilizada aos cidadãos. A ocultação de informação relevante, seja relativa a um medicamento ou ao cálculo da taxa de juro, não pode deixar de implicar uma transferência do risco para quem indevidamente, mesmo que por mera negligência, a sonegou.

Mas o risco nunca poderá ser completamente individualizado, porque as vantagens também o não são. Por sua vez, como acabamos recentemente de verificar, mesmo no caso de riscos não previsíveis, as autoridades públicas não podem deixar de assumir a sua parte, seja no apoio às pessoas, seja no apoio às actividades económicas atingidas (veja-se o anunciado auxílio de Estado às companhias aéreas americanas após o 11 de Setembro, ao arrepio do programa liberal do Presidente).

Às autoridades públicas cabe igualmente a difícil tarefa de regular a partilha do risco e garantir a segurança. Como o deverão fazer em cada um dos domínios referidos e em muitos outros semelhantes –, isso constitui indubitavelmente um dos maiores desafios para a regulação pública do século XXI.

28 de Setembro de 2001

A QUESTÃO DA FUNÇÃO PÚBLICA

Vital Moreira

Não há muito tempo o "programa de reforma da despesa pública" aprovado pelo Governo propunha, entre muitas outras medidas, a redução dos efectivos da função pública, pelo recrutamento de apenas um novo funcionário por cada quatro reformados, a adopção de formas de gestão empresarial em vários serviços públicos (desde logo os hospitais), incluindo logicamente o abandono do regime da função pública, a introdução de formas de financiamento dos serviços públicos e de remuneração do seu pessoal de acordo com o desempenho de uns e de outros.

Entretanto, na Assembleia da República, o Governo, pela mão do Ministro da Reforma do Estado e da Administração Pública, propôs que o regime de emprego nos institutos públicos (a chamada administração indirecta do Estado) deixe de ser o da função pública e passe a ser o do contrato individual de trabalho, como no sector privado. A proposta suscitou a pronta oposição da esquerda parlamentar, que a acusa de abrir caminho ao abandono puro e simples do regime da função pública.

Finalmente, um recente documento mandado elaborar pela Associação Empresarial de Portugal (AEP) propõe o despedimento de 150 000 funcionários públicos, entre as medidas apresentadas para a reforma do Estado e da Administração Pública. A ideia enfureceu os sindicatos, foi saudada pelo Ministro da Economia e rejeitada de pronto pelo Ministro da Administração Pública (numa saudável demonstração de pluralismo intragovernamental...).

Deste modo, a questão da função pública está definitivamente colocada na agenda política. A discussão deste tema torna-se inadiável face à evolução da situação nos anos recentes. O número de funcionários e servidores do sector público em geral não parou de crescer de forma acentuada. O aumento médio das remunerações do sector público foi muito superior à taxa de aumento da produtividade, bem como do crescimento da economia. Os empregados do sector público ganham hoje em média bem mais do que os do sector privado, o que é uma situação praticamente singular em termos comparados. A despesa em salários no sector público, medida em termos de percentagem do PIB, é a mais alta dos países da União Europeia. Entretanto, apesar deste enorme incremento de gastos financeiros, a ineficiência dos serviços públicos não diminuiu, antes pelo contrário.

Está definitivamente instalada a ideia de que a função pública é um problema. A resposta passa correntemente por duas soluções. Por um lado, pela privatização dos serviços públicos ou pela entrega da sua gestão ao sector privado, reduzindo em ambos os casos o âmbito das tarefas directas do Estado, com o consequente emagrecimento do pessoal a seu cargo. Por outro lado, pela mudança da forma de gestão pública, incluindo o abandono do regime da função pública em favor do direito laboral privado.

Esta última solução é especialmente favorecida pelas ideias da "nova gestão pública", dominantes desde os anos 80, que visam substituir o modelo de administração burocrática tradicional por um novo paradigma de gestão, assente na aproximação às formas de gestão privada, na descentralização, autonomia e responsabilização de cada serviço, na gestão contratualizada por programas e objectivos, no financiamento de acordo com o desempenho (premiando o sucesso e penalizando a ineficiência), na flexibilização e mobilidade do pessoal, na visibilidade e transparência dos custos de cada serviço público, nos "mecanismos de tipo mercado" dentro da própria Administração Pública, na avaliação regular do desempenho dos serviços, etc.

É evidente que esta nova perspectiva de gestão pública é essencialmente contraditória com o regime da função pública, caracterizado pela garantia absoluta da estabilidade do emprego (insusceptibilidade de despedimento), pela rigidez e falta de mobilidade do pessoal, pela estrita definição do perfil de cada função, pelo acantonamento em inúmeros quadros de pessoal e carreiras profissionais, pela igualdade de remuneração independentemente do desempenho e do zelo profissional, pela falta ou deficiência de mecanismos de avaliação profissional, pela ausência de incentivos e de penalizações. Daí que pareça lógica a substituição do regime da função pública pelo regime laboral de direito privado.

Na verdade, essa fuga para o direito laboral privado vem de muito longe. Entre nós o movimento de privatização da forma de gestão pública começou nos finais dos anos 60 do século passado, ainda na fase final do Estado Novo, com a transformação de alguns estabelecimentos e institutos públicos nas primeiras empresas públicas, sujeitas quase em tudo a um regime de direito privado (direito comercial, direito laboral comum) e não a um regime de direito administrativo, que tem uma das suas componentes no regime da função pública. De início essa privatização da gestão pública limitou-se aos organismos ou institutos de natureza económica, ou seja, aos estabelecimentos produtores de bens e serviços para o mercado. Mais tarde, porém, esse esquema começou a ser usado em estabelecimentos ou institutos públicos de natureza materialmente administrativa, não produtores de bens ou serviços para o mercado. A princípio tratava-se de privatizar somente a relação de emprego, substituindo o regime da função pública pelo regime do contrato individual de trabalho. Posteriormente, já nos anos 90, essa mudança passou a abranger outros aspectos do regime jurídico de certos organismos públicos, tendo nascido os institutos públicos "de regime empresarial", equiparados para quase todos os efeitos aos entes públicos empresariais.

Como mostrou o relatório preparatório do projecto de lei--quadro dos institutos públicos – publicado pelo Ministério da Reforma do Estado – uma parte considerável dos institutos públicos já são regidos pelo direito laboral comum e não pelo regime da função pública. O projecto de diploma governamental, afastando-se nesse ponto da posição do referido relatório, propõe generalizar essa mudança em relação a todos os institutos públicos, limitando porém a adopção de um regime geral de gestão privada quanto a outros aspectos, além do regime de emprego.

Mas é duvidoso que a experiência até agora acumulada possa ser invocada para validar essa opção política. A simples troca do regime da função pública pelo regime do contrato individual de trabalho pode não trazer nenhum benefício à eficiência e qualidade da gestão pública, se não for acompanhada de outras mudanças que permitam potenciar as vantagens dessa alteração, nomeadamente em termos de incremento da produtividade, de mobilidade e flexibilidade e de remuneração em função do desempenho. Pelo contrário, o resultado pode ser o inverso, acrescentando aos defeitos do regime da função pública as desvantagens do regime privado, nomeadamente o abandono das regras de concurso no recrutamento, o descontrolo nas admissões e remunerações, a acumulação das vantagens dos dois regimes em favor de uma elite de quadros e outros beneficiados, sem qualquer vantagem (pelo contrário) para o serviço público.

É por isso que a questão da função pública não deve ser considerada isoladamente do conjunto da gestão pública. Se desgarrada, a emenda pode ser pior que o soneto.

12 de Outubro de 2001

AS BANDEIRAS VOADORAS

Maria Manuel Leitão Marques

As companhias aéreas oficiais, exibindo o nome do País e as cores nacionais nos céus e nas pistas dos aeroportos, constituíram durante muitos anos a imagem característica de grande parte dos transportes aéreos, muitas vezes organizados em monopólios estaduais, em regime de serviço público.

A criação de companhias aéreas nacionais não tinha apenas um valor simbólico. Elas eram incumbidas de um importante serviço público, assegurando as ligações internas necessárias à coesão territorial e as ligações externas de interesse nacional, independentemente da respectiva rentabilidade.

Nas últimas duas décadas do século passado, o modelo do monopólio público dos transportes aéreos, tal como noutros sectores, foi profundamente contestado, iniciando-se a desregulamentação e liberalização deste sector, com o aparecimento de novas empresas ao lado da antiga "empresa de bandeira". Neste novo ambiente económico tornou-se necessária a constituição de alianças estratégicas internacionais, susceptíveis de assegurar a rentabilidade das companhias num mercado aberto e competitivo. As alianças ou grupos preservaram, numa primeira fase, uma grande autonomia das empresas envolvidas, incluindo a sua identidade separada e os respectivos símbolos, sem prejuízo de actuarem conjuntamente de forma mais ou menos integrada, de tal modo que viajávamos Swissair com bilhete TAP, por exemplo, e vice-versa, o mesmo acontecendo nos restantes grupos. Ainda que se tratasse de um processo de integração lento (não apenas por razões económicas), tudo indicava que, pelo menos na União Europeia, as cores nacionais deixariam num futuro próximo de diferenciar os aviões.

A submissão dos transportes aéreos às regras comunitárias da concorrência implicava a abolição não somente de exclusivos ou privilégios públicos mas também de auxílios de Estados às respectivas companhias. Não que tivessem desaparecido inteiramente as obrigações de serviço público, sobretudo nos voos internos, de modo a garantir as ligações regulares consideradas necessárias. Essas obrigações, implicando encargos suplementares, só poderiam naturalmente ser asseguradas pela via de compensações financeiras (transferências públicas) atribuídas a quem delas fosse encarregado. Além disso, no Regulamento (CEE) n.º 2408/92, de 23 de Julho, relativo ao acesso das companhias aéreas comunitárias às ligações aéreas intracomunitárias, permitia-se que qualquer Estado-Membro pudesse impor obrigações de serviço público aos serviços aéreos regulares destinados a um aeroporto de uma zona periférica (como, por exemplo, no caso português, algumas ilhas dos Açores), ou às ligações a um aeroporto regional de tráfico reduzido, se tal serviço fosse indispensável ao desenvolvimento dessa região. Porém, as obrigações de serviço público deveriam ser somente as que se mostrassem indispensáveis para garantir a continuidade, regularidade e preço adequado do serviço em causa, características estas não susceptíveis de ser obtidas apenas com base no interesse comercial do transportador. E as compensações financeiras públicas deviam limitar-se à indemnização dos encargos suplementares decorrentes de tais obrigações.

Neste contexto, a Comissão Europeia tornou-se progressivamente mais rigorosa na avaliação e eventual autorização da concessão de auxílios de Estado às respectivas companhias aéreas nacionais. Permitindo alguns auxílios aparentemente destinados à reestruturação (com vista nomeadamente a viabilizar a privatização das antigas companhias públicas), a Comissão recusou-se a autorizar auxílios ao funcionamento, que só serviam para manter no mercado empresas altamente deficitárias e desse modo prejudicar a concorrência e atrasar a reorganização do mercado dos transportes aéreos europeus. O mais recente conflito com a

Alitália, que chegou ao Tribunal de Justiça, foi apenas um exemplo desta política.

Mas de repente, com os atentados terroristas de 11 de Setembro nos Estados Unidos, tudo parece ter mudado. Primeiro, foram os quatro dias de compensação assegurados a todas as companhias, em virtude do encerramento do espaço aéreo americano, bem como a cobertura estadual dos elevados prémios de seguro pelos novos riscos. Seguiram-se os auxílios da Bélgica à Sabena e as pressões do governo irlandês sobre a Comissão para que esta autorize auxílios à Air Lingus. Embora fora da UE, a prestigiada Swissair, que há muito padecia de dificuldades sérias, ficou em terra, com os suíços, incrédulos e estupefactos, a saírem à rua, protestando contra o desaparecimento da companhia nacional (parecendo manter-se intocado o seu valor simbólico) e reclamando uma intervenção governamental para assegurar a continuidade da empresa, a qual, por sua vez, mobilizou o grande capital nacional para o efeito. Outros Estados e companhias estarão provavelmente à espreita, esperando a sua vez de enveredar pela mesma senda.

É certo que, embora os auxílios de Estado estejam proibidos no Tratado de Roma, em sede de política da concorrência (arts. 87.º a 89.º), as excepções, regulamentares ou casuísticas, sempre foram muitas. De resto, neste caso das companhias aéreas, registaram-se alterações anormais em matéria de risco e segurança que representam sem dúvida encargos acrescidos e ocorreu uma quebra nas receitas previsíveis se as condições fossem as normais. Mas será que qualquer destes factores foi determinante da má saúde financeira das referidas candidatas ao auxílio estadual? E reforçar o "modelo da bandeira voadora", mantendo os aviões no ar à custa de injecções financeiras públicas, não implicará, mais tarde, admitir a mesma lógica para outros serviços de interesse económico geral, tanto ou mais estratégicos do que os transportes aéreos, como as telecomunicações ou a energia? Os auxílios aos transportes aéreos, mantendo artificialmente em operação um número inviável de empresas, não atrasarão desnecessariamente a racionalização do mercado único europeu?

Seja como for, mesmo que a Comissão se esforce por manter inabalada a política anterior, como tem defendido a Comissária Loyola de Palacio, não poderá certamente ignorar o que se passa do outro lado do Atlântico, onde o Presidente Bush se apressou a anunciar substanciais auxílios às companhias aéreas americanas, suportando uma parte do seu prejuízo e viabilizando tarifas consideradas predatórias. Eis, assim, como este caso serve uma vez mais para demonstrar que, em matéria de regras de concorrência, para mercados globais não servem regras regionais, mesmo com âmbito tão vasto como as da UE. Resta saber quanto tempo durará esta fase de neoproteccionismo estadual dos transportes aéreos.

26 de Outubro de 2001

LIBERALIZAÇÃO DA ECONOMIA
E MERCADO ÚNICO EUROPEU

Vital Moreira

Recentemente o "Economist" analisava o processo de liberalização da economia europeia desde o Conselho Europeu de Lisboa de Março de 2000, que assumiu o compromisso de tornar a economia europeia a mais competitiva e dinâmica do mundo no espaço de uma década.

Os mais optimistas viram no "Processo de Lisboa" o sinal de arranque para um novo avanço na liberalização económica e na construção do mercado único europeu. Decorrido mais de um ano, a conceituada revista britânica conclui que até este momento a União Europeu falhou a promessa. A tese é ilustrada com a referência aos casos do insucesso na aceleração da liberalização da energia, do impasse na criação do mercado interno de serviços financeiros (na base do relatório Lamfalussy do início deste ano), do chumbo da directiva sobre "takeovers" internacionais pelo Parlamento Europeu, e ainda do patinar do direito de patente comum europeia.

Entre os casos citados aparece à cabeça a falta de aceleração da liberalização total do sector da energia – electricidade e gás natural –, onde existem notórias assimetrias nos processos de liberalização, com a continuada resistência da França em estugar esse processo, tirando proveito da agressividade dos seus dois gigantes, a EDF e a GDF, nos mercados vizinhos mais liberalizados, enquanto o mercado doméstico se mantém ainda fortemente protegido. Na verdade, recorde-se que, sob proposta da comissária europeia da energia, Loyola de Palacio, a Comissão propôs a antecipação da liberalização total dos mercados nacionais de energia para 2005 (para todos os consumidores) e para 2003-04 (para os clientes industriais de electricidade e de gás respectivamente). Sabe-se que a maioria dos países membros estão de acordo com este calendário, mas a oposição do governo francês basta para bloquear esse objectivo, como se verificou na cimeira de Estocolmo, em Abril do corrente ano. Há ainda a contar com a oposição alemã à proposta da Comissão de ser criado em cada país um regulador independente específico para fixar as tarifas de utilização das redes de transporte e de distribuição e de supervisionar a concorrência.

É certo que tem havido alguns progressos parciais em alguns sectores, com o sucedeu em relação aos serviços postais em Outubro passado, como estabelecimento de patamares de liberalização nos próximos cinco anos, com aberturas de mercado a serem efectuadas em 2003 e 2006. Todavia, também aqui, mais uma vez por efeito da resistência da França, o efeito dos novos passos da liberalização postal serão menos ambiciosos do que os inicialmente propostos pela Comissão Europeia (atingindo menos de 50% do mercado total em 2006) e a liberalização total das cartas, que fica apontada somente para 2009, está ainda dependente de futura legislação. O compromisso alcançado ainda carece de aprovação do Parlamento Europeu.

Neste contexto, dá impressão que depois do sucesso inicial na liberalização e estabelecimento de um mercado concorrencial no sector dos transportes aéreos e das telecomunicações e do promissor arranque na liberalização do sector da energia, com as duas directivas de meados dos anos 90 relativas à electricidade e ao gás, a UE refreou o passo no sentido da liberalização total deste sector e de abertura do mercado dos restantes sectores. Em alguns países, como Portugal, beneficiários de algumas derrogações específicas (como no gás natural e em alguns aspectos da liberalização postal), o grau de abertura do mercado à concorrência é ainda bastante menor do que a média europeia. Daí que em muitos desses sectores (entre nós, o gás natural, a distribuição de electricidade em baixa tensão, os transportes ferroviários, os serviços postais, a água e o saneamento) permaneçam os antigos modelos do "serviço público", em regime de exclusivo, por meio de empresas públicas ou de empresas privadas concessionárias. Por outro lado, mesmo em alguns sectores liberalizados e essencialmente privatizados, alguns Estados, entre os quais Portugal e outros países do sul, mantêm "golden shares" nas antigas empresas públicas, que constituam obstáculos ao funcionamento da concorrência, nomeadamente pela resistência aos "takeovers" lançados por empresas concorrentes.

Existem naturalmente algumas dificuldades próprias na liberalização e abertura à concorrência dos sectores económicos qualificados como "serviços de interesse económico geral", bem como das indústrias de rede, categorias em que cabem quase todos os sectores em causa.

No primeiro caso, os "serviços de interesse económico geral", cuja definição compete discricionariamente aos Estados, podem implicar o estabelecimento de "obrigações de serviço público" (nomeadamente "obrigações de serviço universal"), com a correspondente derrogação das regras comunitárias da concorrência, designadamente no que se refere a situações de privilégio das empresas encarregadas desses serviços, por exemplo, quanto a ajudas de Estado. Mas só em casos excepcionais é que as exigências do "interesse económico geral" poderão justificar a manutenção de situações de exclusivo público ou de exclusivo privado sob concessão do Estado ou dos municípios, como continua a suceder por exemplo em Portugal. Na generalidade dos casos, tais exigências podem ser melhor satisfeitas por empresas em situação de concorrência, desde que sujeitas, todas ou alguma delas, às necessárias "obrigações de serviço público".

No caso das indústrias de rede (telecomunicações fixas, electricidade, gás natural, transportes ferroviários, água e saneamento), nas quais a rede funciona como "monopólio natural", por definição imune à lógica da concorrência, importa separar a gestão da rede em relação às actividades situadas a montante e a jusante dela, que são susceptíveis de serem abertas à concorrência (por exemplo, a produção de electricidade, a captação e fornecimento de água, etc.). Nesses casos, há que garantir que o acesso à rede é assegurado a todos os operadores e consumidores em condições de igualdade, e que a remuneração da entidade gestora da rede seja adequadamente regulada de forma transparente, nomeadamente por uma entidade reguladora independente dos operadores. É o que sucede, na generalidade dos países, com a regulação da electricidade e do gás natural, por exemplo (sendo a excepção a Alemanha, que continua a resistir a essa ideia, como se viu).

A liberalização e o mercado único não exigem homogeneidade de soluções nem a centralização europeia da competente regulação. Mas sem mecanismos convergentes e sem a diminuição da assimetria dos graus de liberalização sectorial nos vários países e o abandono das muitas situações de proteccionismo estadual subsistentes, tudo indica que o avanço na construção do mercado único europeu continuará a enfrentar atrasos e obstáculos dificilmente superáveis.

9 de Novembro de 2001

MUNICÍPIO, EM

Maria Manuel Leitão Marques

Nas últimas semanas, o semanário "Expresso" tem vindo a publicar uma série de reportagens sobre as empresas municipais (EM), dando conta da profusão com que estão a ser criadas. É saudável que esta realidade se torne mais transparente. Mas mais do que colher uma impressão fácil e apressada, convém pensar nas razões que estão por detrás da escolha dos municípios.

Afinal, a filosofia subjacente à empresarialização de serviços municipais, antes geridos directa ou indirectamente pelo município, não é substancialmente diferente daquela que tem justificado a empresarialização de outros serviços públicos a cargo da administração central, com ou sem privatização da propriedade e/ou da gestão. Conferir personalidade jurídica e autonomia contratual, simplificar métodos de gestão, flexibilizar as relações contratuais e a gestão contabilística e financeira, recorrer ao crédito, escapar aos apertados controlos tradicionalmente próprios dos regimes das despesas públicas, captar gestores qualificados, realizar economias de custos, estão entre as razões mais frequentemente invocadas para justificar esse tipo de reformas.

Depois, a procura de eficiência e a aplicação de uma análise custo-benefício à gestão dos serviços públicos, mesmo que em eventual parceria público-privada, não implica a desresponsabilização pública pelo seu financiamento, nem tão pouco que serviços naturalmente não lucrativos o deixem de ser como que por milagre decorrente do formato empresarial. O que ela implica seguramente é que da reforma venham a resultar vantagens comparativas em termos de resultados e, desde logo, que o custo da reforma ela própria (por exemplo, em remunerações) seja proporcional às melhorias obtidas. Uma avaliação posterior é, portanto, indispensável, sendo ainda cedo para que possa ser rigorosamente avaliada a opção empresarial tomada tão rapidamente por tantos municípios.

Mas é já possível reconhecer que a lei actual sobre a criação de empresas municipais e intermunicipais levanta, em si mesma, muitos problemas. Penso, aliás, que alguns deles poderão estar na base de alguma perplexidade perante os cabazes de empresas que entretanto foram criadas em alguns municípios. Desde logo, embora com diversas confusões e incongruências jurídicas, a lei das empresas públicas municipais foi feita à semelhança do então figurino do sector público empresarial estadual, que entretanto foi alterado. Depois, há várias questões que a lei deixa por resolver ou resolve de forma incoerente. Limitar-me-ei aqui a referir uma delas: a de saber quando pode ou deve ser criada uma empresa municipal. Será que todo o serviço local é empresarializável?

A empresarialização de um serviço exige, em primeiro lugar, que o serviço seja autonomizável no seu conjunto para poder ser organizado sob a forma empresarial. Exige, igualmente, que ele tenha como objecto o desempenho de uma actividade económica, de produção de bens ou a prestação de serviços, tendo como destinatários utentes individualizáveis, susceptíveis de contribuírem para o financiamento dos mesmos, independentemente de o fazerem ou não em cada caso concreto. Pressupõe, ainda, que haja vontade de constituir uma organização de tipo empresarial, sujeitando-a a uma racionalidade económica diferente daquela que tradicionalmente preside aos serviços administrativos. Mesmo que o escopo lucrativo não constitua o objectivo da empresa, há que colocar a ideia de controlo de custos, diminuição da despesa, valorização patrimonial e, pelo menos virtualmente, cobrança de receitas aos utilizadores.

Partindo destes pressupostos, importa agora confrontá-los com os serviços municipais e discutir em concreto quais os que à partida podem ser organizados em formato empresarial. Sem qualquer critério, e com o ritmo com que se está a empresarializar, qualquer dia em alguns municípios restará apenas por transformar em empresa o presidente e o seu gabinete!

Assim, parece clara a impossibilidade de empresarialização dos serviços administrativos propriamente ditos, de que fazem parte as competências de regulação, tais como o licenciamento de obras ou de estabelecimentos e obviamente a fiscalização. Não há dúvidas, por outro lado, quanto à possibilidade de destacar e dar formato empresarial ao fornecimento de serviços que é feito a cada um dos munícipes ou apenas a uma categoria deles, como, por exemplo, a distribuição de água e electricidade ao domicílio ou os transportes colectivos. O mesmo se diga do caso da recolha do lixo doméstico, onde é possível uma contabilização em função do número de utentes, e de outros serviços municipais, como parques de estacionamento, feiras e mercados, certo tipo de parques de diversões, parques de campismo ou escolas profissionais. Mais discutível é a possibilidade de empresarialização do fornecimento de bens colectivos (limpeza das ruas ou das praias, combate aos incêndios, polícia). Aqui falta uma das condições referidas, que é a da remuneração da actividade dependente das receitas, obtidas pela prestação dos serviços ou fornecimento de bens por parte dos utentes.

Contudo, isso não impede que se apliquem à organização dos serviços municipais deles encarregados alguns critérios de racionalidade económica próprios das empresas, tal como acontece desde a década de oitenta em outros serviços públicos, nomeadamente certos institutos públicos estaduais (INE, IAPMEI, etc.), ou mesmo que haja subcontratação de serviços intersticiais (como a limpeza) a entidades privadas.

O facto de um serviço ser empresarializável em abstracto não significa, no entanto, que essa seja a melhor solução para todos os municípios em geral ou para alguns deles em particular. A necessidade de manter um controlo mais directo sobre a prestação do serviço ou a falta de dimensão do mesmo podem desaconselhar a opção empresarial.

Por último, a organização de um serviço municipal em EM deve ser sujeita, a devido tempo, a um rigoroso processo de avaliação em termos de custo-benefício. Só essa avaliação permitirá concluir se existe ou não uma utilização abusiva da lei, se a empresarialização tem sido um mero expediente para flexibilizar sistemas contabilísticos e para escapar ao controlo da assembleias municipais (ou, pior que isso, apenas uma forma de fazer crescer remunerações e criar lugares de gestores) ou se, pelo contrário, corresponde a uma utilização genuína do expediente empresarial para modernizar serviços, diminuir os custos e melhorar os resultados. De resto, a importância dessa avaliação vale, por maioria de razão, para opções semelhantes tomadas pela administração central. As empresas municipais só serão mais porque o seu número se multiplica pelo dos municípios.

23 de Novembro de 2001

A NOVA AUTORIDADE REGULADORA DOS SEGUROS

Vital Moreira

Mantém o nome de Instituto dos Seguros de Portugal (ISP). Mas o organismo saído da revisão do respectivo estatuto legal, efectuada pelo recente Decreto-Lei n.º 289/2001, de 13 de Novembro, é em muitos aspectos uma entidade de regulação bem diferente da originária.

O referido diploma, preparado ainda no tempo do anterior Ministro das Finanças, Pina Moura, veio operar duas modificações importantes: por um lado, estabelecer e garantir uma substancial independência dessa entidade face ao Governo; por outro lado, ampliar os seus poderes de regulação, quer quanto às funções regulamentares, quer quanto aos mecanismos legais de controlo do acesso à actividade seguradora. Tal é o caso, nomeadamente, das decisões sobre a constituição, cisão, fusão, encerramento e liquidação de empresas de seguros ou resseguros e de sociedades gestoras de fundos de pensões, que agora deixam de estar dependentes de uma intervenção directa (autorização) do Ministro das Finanças, como até aqui.

No que respeita à sua independência, cabe distinguir essencialmente três vertentes.

Uma é a independência orgânica, ou seja, a independência dos titulares dos seus órgãos em relação ao Governo. No novo regime, embora os membros da direcção do Instituto continuem a ser nomeados pelo Governo (Conselho de Ministros), sob proposta do Ministro das Finanças, a verdade é que o seu mandato passou de três para cinco anos (superior à duração da legislatura) e, mais importante do que isso, os seus membros gozam de inamovibilidade, não podendo ser destituídos pelo Governo, salvo em caso de falta grave. Por outro lado, um regime de incompatibilidades e inabilidades também garante a independência face aos interesses regulados, tanto ou mais importante do que a independência face ao Governo.

A segunda vertente da independência refere-se exercício das suas funções reguladoras (independência funcional). Anteriormente o ISP estava sujeito não somente a tutela governamental (ou seja, controlo da sua actividade) mas também a superintendência, o que permitia ao Governo dirigir-lhe recomendações, directivas ou orientações, que se tornavam vinculativas, na medida em que o seu incumprimento podia dar lugar à destituição. Agora desapareceu essa possibilidade, não havendo também nenhum controlo de mérito sobre as actividades especificamente reguladoras do referido ente público.

O terceiro aspecto da nova independência do ISP diz respeito à sua gestão económica e financeira. Anteriormente, de acordo com o regime comum dos institutos públicos, ele estava submetido às regras de gestão financeira dos "fundos e serviços autónomos", caracterizado pelos numerosos controles dos serviços do Ministério das Finanças, bem como às exigentes regras procedimentais relativas à aquisição de bens e serviços (especialmente o concurso público). Agora, por expressa aplicação do regime das "entidades públicas empresariais", o ISP passa a funcionar à margem desses mecanismos.

A partir de agora, portanto, o ISP deixa de estar submetido ao regime tradicional dos institutos públicos comuns, para se apresentar como uma "entidade pública independente", figura esta expressamente mencionada na nossa Constituição desde 1997 (4ª revisão constitucional). Deste modo, o ISP vê o seu regime aparentado com o das demais entidades de regulação e supervisão do sector financeiro, a saber, o Banco de Portugal (BdP), entre nós entidade reguladora das instituições de crédito (nomeadamente os bancos), e a Comissão do Mercado de Valores Mobiliários (CMVM), entidade reguladora dessa área dos serviços financeiros.

Tendo o anterior estatuto legislativo do ISP apenas quatro

anos de vigência (datava de 1997), o que é que justificou esta tão substancial mudança de regime?

A resposta está claramente enunciada no preâmbulo do novo diploma. Aí são referidos dois argumentos a favor da reformulação da legislação em causa.

Primeiro, invoca-se uma mudança de filosofia em relação à regulação do sector financeiro, orientada para a desgovernamentalização da mesma, mediante o reforço do poder de decisão livre das autoridades reguladoras sectoriais. *"De facto* – reza o preambulo –, *no panorama dos Estados que, com Portugal, constituem a União Europeia, tem-se verificado, nos últimos anos, uma tendência para a crescente autonomia face aos Governos das entidades públicas encarregues de funções de regulação e de supervisão de mercados e sectores. Esta tendência tem-se manifestado com particular evidência no âmbito das entidades do sector financeiro, correspondendo, desse modo, a uma nova concepção sobre a intervenção pública nesse sector"*.

Em segundo lugar, invoca-se a vantagem de o ISP passar a ter um regime semelhante aos das duas outras autoridades de regulação e supervisão financeira (o BdP e a CMVM), que gozam de independência desde há muito (o Banco de Portugal já desde os anos 70, no que respeita as suas funções de supervisão sobre o sistema bancário, a CMVM, desde a sua criação no início dos anos 90). *"Por outro lado* – continua o preâmbulo –, *tendo sido já desencadeada uma nova fase de evolução do sistema nacional de supervisão financeira que pressupõe a criação de uma nova estrutura institucional, apta a impulsionar o aprofundamento da coordenação e articulação entre as três instituições que presentemente integram o sistema de supervisão do sector financeiro, justificar-se-á acentuar a convergência dos enquadramento estatutários dessas entidades"*.

Na verdade, as referidas três entidades que entre si repartem a regulação e supervisão dos serviços financeiros integram em conjunto um organismo de coordenação e cooperação entre eles, que é o "Conselho Nacional de Supervisores Financeiros", criado em Setembro de 2000. Pareceu ao legislador que faltava fundamento e abundava inconsistência na substancial discrepância entre as fortes garantias de independência de duas delas e a falta de garantias idênticas ou aproximadas no caso do ISP.

Esta revisão do estatuto do ISP vem na linha da tendência dominante desde há mais de dez nos – na verdade, desde o início do movimento de liberalização, privatização e desintervenção estadual da economia – no sentido de distanciar o Governo da função reguladora do Estado, confiando-a a entes públicos substancialmente independentes daquele, e portanto imunes a qualquer superintendência ministerial e a qualquer controlo do mérito das suas actividades de regulação e supervisão. Depois de o Estado diminuir drasticamente a sua participação na actividade económica, é agora a vez de se distanciar da própria tarefa de regulação.

Alem de se ter despojado em grande medida da função de empresário, em benefício de uma função somente reguladora (*"Estado regulador"*), o Estado deixa cada vez mais de exercer essa função por via governamental, ao sabor dos ciclos parlamentares, para passar a exercê-la de forma distanciada, por um novo tipo de autoridades, caracterizadas pela sua especial independência em relação ao Governo.

7 de Dezembro de 2001

SEM DOGMAS NEM PRECONCEITOS

Maria Manuel Leitão Marques

No final do ano de 2001, seria tempo de afastarmos alguns dogmas e preconceitos relativamente à opção pela gestão pública ou pela gestão privada de alguns serviços públicos, mas parece que, de parte a parte, eles se mantêm activos e influentes, dificultando a tomada das melhores decisões políticas sobre o assunto.

Acabar com dogmas e preconceitos significa, por um lado, admitir que, do ponto de vista do interesse geral, a gestão pública nem sempre tem constituído a forma mais conveniente de organizar a prestação de serviços públicos, ao contrário do que se dava como adquirido nas primeiras décadas da segunda metade do século XX. O custo dessa prestação é por vezes desproporcionado em relação à qualidade do serviço prestado, de tal modo que se tornou possível admitir que uma gestão privada de serviços públicos, mesmo incluindo a respectiva remuneração adicional, poderia obter a mesma qualidade com custos inferiores ou melhor qualidade com os mesmos custos.

Confiar serviços públicos a gestores privados não significa, contudo, que o Estado se desobrigue totalmente do seu financiamento nem, muito menos, que deixe, em última instância, de ser por eles responsável. Não pode, assim, falar-se em privatização, no sentido estrito do termo, mas antes de uma parceria público-privada, separando a titularidade e a gestão de estabelecimentos públicos (como o contrato de gestão relativo ao Hospital Fernando da Fonseca, vulgo Amadora-Sintra).

Mas acabar com dogmas e preconceitos significa, por outro lado, deixar de admitir também que a gestão privada é mais económica e eficiente por definição (então não haveria falências) e que ela é sempre a melhor solução e a mais adequada aos objectivos dos serviços públicos. Há que demonstrá-lo em cada caso. Ou seja, é preciso, igualmente, enterrar os dogmas neoliberais que dominaram as últimas décadas do século XX.

Serenamente e sem preconceitos é exactamente como convém partir para a reflexão sobre o que fazer com a gestão de determinados serviços públicos cujos custos (e défices orçamentais!) não páram de aumentar, sem que isso se traduza em melhorias substanciais no acesso e/ou na qualidade do serviço prestado. E a primeira questão que deve ser considerada é a de saber, com rigor, quais são as razões que estão na origem do mau funcionamento do serviço. Depois, é preciso ponderar se o serviço pode ou não ser objecto de reforma interna quanto ao modo de gestão pública ou de mudanças na regulação externa de que é objecto (tutela, fiscalização, exercício de poderes disciplinares e sancionatórios) que melhorem o seu desempenho.

Na verdade, a experiência e o bom senso ensinam-nos que algumas instituições têm um valor em si mesmo que merece ser preservado. É um valor que, por vezes, escapa a consultores préformatados que se limitam, há uns anos e por todo o lado, a aplicar as mesmas receitas, passando, na maioria dos casos, por dividir, renominar e mais ou menos privatizar. Como escreveu Peter Martin recentemente no "Financial Times" (11/12/2001), *"too often they (consultants) make money twice over: once in the fees from original assignment, again from coping with debris"*. Não devemos, portanto, pensar em mudar as estruturas quando o que está mal são os comportamentos e não devemos permitir que a destruição leviana de instituições, que demoraram muitos anos a instalar-se e a ganhar a confiança dos seus utilizadores, seja premiada.

Mas se a reforma interna ou da regulação do serviço não for possível, torna-se legítimo e admissível pensar numa parceria público-privada. É, então, indispensável avaliar, previamente, os eventuais custos da perda de confiança na gestão pública (se esta ainda existe) e saber se essa confiança é transferível para o sector privado, bem como as dificuldades de negociação das parcerias, tanto maiores quanto maior é o seu prazo, nomeadamente, devidas à assimetria da informação, à imprevisibilidade da procura, aos problemas de definir uma repartição justa e equilibrada do risco ou à necessidade de conciliar a rentabilidade do investimento privado com permanente actualização e modernização do serviço público, bem como, e sobretudo, com as devidas "obrigações de serviço público".

Estas dificuldades, variáveis conforme o sector em causa, agravam-se, em geral, pela falta de experiência que Administração pública tem deste tipo de negociações e ainda pelo facto de, mesmo a nível internacional, em muitas situações, se estar ainda na fase de experimentação. São custos e riscos demasiado importantes para que a parceria seja desenhada apressadamente, mas não para que seja adiada essa opção, caso se mostre a única ou a melhor solução.

O que se tem passado em Portugal com a gestão dos hospitais públicos, independentemente dos incidentes de percurso, da falta de ritmo e dos ajustamentos que haja a fazer, deve, neste quadro, ser olhado com muita atenção. No contexto português, a metodologia adoptada parece exemplar em muitos dos seus aspectos. Primeiro, não se procurou um modelo geral e abstracto aplicável de um golpe ao conjunto do sistema. Tentaram-se diferentes modelos, desde o contrato de gestão privada do Hospital Fernando da Fonseca a uma gestão pública mais flexível e empresarial no caso do Hospital de Santa Maria da Feira (e mais recentemente no Hospital do Barlavento Algarvio). Depois, tem vindo a proceder-se a uma avaliação rigorosa dos resultados obtidos e ao confronto das vantagens e das desvantagens de hospitais com diferentes modelos de gestão (o Amadora-Sintra com o Garcia da Horta).

Foi com base nestes resultados que o Ministério da Saúde se propôs decidir sobre as futuras opções de reforma a introduzir lá onde elas se mostrem necessárias. Com a inesperada demissão do Governo agora há, de novo, que esperar para ver....

21 de Dezembro de 2001

A REFORMA DA ENTIDADE REGULADORA
DAS TELECOMUNICAÇÕES

Vital Moreira

O Instituto das Comunicações de Portugal (ICP), um dos nossos mais conhecidos organismos de regulação sectorial, acaba de passar por uma profunda reforma legislativa (Decreto-Lei n.º 309/2001, de 7 de Dezembro passado). Para além do novo nome dessa entidade, agora denominada "Autoridade Nacional de Comunicações (ICP-ANACOM)", a mudança tem a ver sobretudo com a sua orgânica, com o seu estatuto de independência e com as suas atribuições e poderes.

Com essa reforma o ICP passa a integrar a nova categoria das "autoridades reguladoras independentes", a par do Banco de Portugal (enquanto entidade reguladora das instituições de crédito), da Comissão do Mercado de Valores Mobiliários (CMVM), da Entidade Reguladora do Sector Eléctrico (ERSE) e mais recentemente do Instituto dos Seguros de Portugal (ISP), todos caracterizados por uma substancial independência em relação ao Governo, quer quanto à estabilidade dos seus órgãos, quer quanto à sua autonomia de decisão. Mas o novo estatuto legislativo do ICP-ANACOM apresenta um bom número de novidades.

Assim, o mandato dos reguladores (agora com a duração de cinco anos, durante os quais não podem ser destituídos, salvo em caso de falta grave) deixou também de ser renovável, o que os coloca a coberto da tentação de deixarem influenciar a sua acção pela perspectiva de serem reconduzidos ou pelo temor de não o serem. Além disso, entre as incompatibilidades necessárias para assegurar a independência do órgão regulador em relação às empresas reguladas – o que é tanto ou mais importante do que a independência em relação ao Governo –, conta-se a de os seus membros não poderem desempenhar funções em qualquer empresa submetida à sua jurisdição não somente durante o mandato mas também nos dois anos subsequentes ao fim deste, o que é igualmente um traço inédito no regime das autoridades reguladoras entre nós.

Quanto à independência no desempenho de funções, ela é especificamente assegurada pelo facto de o órgão regulador não estar sujeito à "superintendência" do Governo, nem à sua "tutela de mérito", como sucede com os institutos públicos tradicionais, o que impede que o Governo lhe dirija recomendações ou directivas (muito menos instruções concretas) quanto ao modo de exercer as suas funções, ou que controle a oportunidade ou conveniência (ou sequer a legalidade) dos seus actos, seja dos regulamentos seja dos demais actos de supervisão. A actividade reguladora só pode ser controlada pelos tribunais administrativos, por ilegalidade.

A independência da autoridade reguladora é reforçada pela auto-suficiência financeira, mediante receitas próprias, bem como pela adopção de um regime de gestão de direito privado, próprio do das "entidades públicas empresariais". Aí se inclui nomeadamente a autonomia da gestão financeira, que não está submetida ao regime tradicional dos "fundos e serviços autónomos", próprio dos institutos públicos de regime comum, que é caracterizado por um apertado controlo do Ministério das Finanças. No mesmo sentido vai ainda a adopção da lei do contrato individual de trabalho quanto ao seu pessoal, em vez do regime da função pública.

Neste aspecto, porém, a nova lei orgânica do ICP-ANACOM estabelece alguns inovadores limites à aplicação pura e simples do regime das entidades públicas empresariais, ressalvando nomeadamente o respeito das regras comunitárias sobre concorrência nos "mercados públicos" e obrigando à adopção de procedimentos contratuais regidos pela publicidade, concorrência e não discriminação, tanto na contratação de bens e serviços, como no recrutamento de pessoal.

A independência das entidades reguladoras tão-pouco pode ser tão absoluta que as torne imunes a todos os requisitos de responsabilidade democrática perante os órgãos representativos do poder político. Especial relevo, até pelo seu carácter inovador, deve merecer, neste aspecto, a obrigação de elaboração de um relatório anual sobre as suas funções reguladoras, a apresentar anualmente ao Governo e à Assembleia da República, bem como a obrigação do presidente do organismo regulador de comparecer e dar contas da sua actividade perante a comissão parlamentar competente. Pela primeira vez entre nós a lei estabelece uma obrigação de "accountability" das entidades administrativas independentes face ao parlamento, contrabalançando desse modo a sua substancial independência em relação ao Governo.

Quanto às atribuições e poderes, o ICP-ANACOM viu ampliados os poderes normativos e reforçados os seus poderes de fiscalização e de sancionamento dos operadores sujeitos à sua jurisdição. Nesse contexto importa pôr em relevo também o novo procedimento regulamentar agora estabelecido na lei, dominado pelos princípios da participação dos interessados e da publicidade. Os projectos de regulamento devem ser publicados com a devida antecedência, de modo a permitir a tomada de posição de todos os interessados, devendo o relatório preambular do futuro regulamento justificar as soluções a final adoptadas.

Por tudo isto, nomeadamente pelas novidades que traz, a nova lei orgânica da autoridade reguladora das comunicações e dos serviços postais bem merece ser considerada como uma referência na formatação legislativa de outras autoridades reguladoras, devendo ser levada em conta especialmente na elaboração de uma eventual lei-quadro que venha a reunir os respectivos princípios gerais.

11 de Janeiro de 2002

MONTI CONTRA MULLER

Maria Manuel Leitão Marques

Comissão Europeia e consumidores, de um lado, construtores e concessionários de automóveis, do outro, constituem as duas forças que se enfrentam neste momento na Europa a propósito da revisão do Regulamento sobre acordos de distribuição e de serviço de venda e pós-venda de veículos automóveis, a concluir em Setembro de 2002.

O que é que está em causa?

Num dos seus preceitos fundamentais, o Tratado da Comunidade Europeia proíbe os acordos susceptíveis de limitar ou falsear a concorrência no mercado, afectando as trocas entre os Estados-membros (art. 81.º). Essa proibição abrange não apenas os acordos horizontais (entre empresas concorrentes), mas também os verticais (entre empresas situadas em diferentes estádios da produção ou distribuição de um mesmo produto), sendo explicitamente mencionados os que visam "limitar ou controlar (...) a distribuição".

Contudo, o mesmo preceito consente derrogações a essa proibição, por um tempo limitado, sempre que do acordo resulte uma melhoria na produção ou na distribuição de um certo produto e os utilizadores também sejam beneficiados, e desde que a restrição se limite ao "indispensável" para que o acordo produza esses efeitos positivos e se mantenha a concorrência relativamente a uma "parte substancial" do mercado dos produtos em causa. Esta isenção pode ser concedida a uma categoria de acordos em geral, quando a prática reiterada da Comissão na apreciação individual de cada um deles lhe permite distinguir, em abstracto, quais as cláusulas que não restringem a concorrência, aquelas que, tendo embora esse efeito, podem porém ser permitidas e, finalmente, as que de todo não podem ser autorizadas (as chamadas "cláusulas negras", onde, por exemplo, se inclui a fixação de preços).

Foi precisamente no uso desta faculdade que a Comissão publicou em 1985 o Regulamento agora em discussão – já revisto uma vez em 1995 –, autorizando e regulando os acordos de distribuição de veículos automóveis novos.

Esses acordos podem envolver tanto cláusulas de distribuição selectiva como cláusulas de distribuição exclusiva. Na *distribuição selectiva* um produtor (ou grossista) reserva a venda dos seus produtos a uma categoria limitada de distribuidores, em função de certos critérios, de natureza quantitativa (limitação do número de distribuidores que operam num mesmo território, imposição de objectivos quantitativos de venda) ou qualitativa (obrigação de contratar especialistas, organizar o espaço de venda de acordo com directivas do construtor, disponibilizar serviços de pós-venda ou obedecer a outros requisitos). Por sua vez, a *distribuição exclusiva* permite ao construtor nomear apenas um concessionário para um certo território, proibindo-o de abrir postos de venda ou designar subconcessionários e agentes fora dele e mesmo de realizar "vendas activas" através de publicidade personalizada no território de outro concessionário. São, no entanto, permitidas as "vendas passivas", podendo o concessionário satisfazer encomendas de consumidores finais ou seus intermediários ou de outros concessionários. Além disso, o concessionário não pode vender marcas de outro construtor senão através de uma entidade juridicamente distinta e de instalações próprias, o que limita fortemente ou mesmo exclui, na prática, as vendas multimarcas.

A adopção generalizada destes acordos de distribuição e as consequentes limitações da concorrência dificultam naturalmente o acesso aos mercados por parte de novos construtores e de novos distribuidores de marcas já concessionadas, excluindo também a distribuição através de outros formatos comerciais, como os hipermercados ou a Internet, com efeitos negativos sobre os preços dos veículos e os da respectiva assistência.

São precisamente algumas destas restrições que a Comissão admite agora rever, num sentido liberalizador, permitindo maior concorrência no mercado dos veículos automóveis novos e no dos serviços pós-venda e de peças sobresselentes. Assim, propõe-se eliminar, por exemplo, a proibição de "vendas activas", diminuindo o efeito restritivo das cláusulas de exclusividade territorial sobre a concorrência intra-marca; desligar a venda de automóveis da obrigação de prestar o serviço pós-venda, incentivando a abertura a outros canais de aquisição, como a Internet e as grandes superfícies comerciais; permitir a utilização de peças sobresselentes provenientes de outros fornecedores que não o construtor, favorecendo o aumento da concorrência no mercado dos serviços de reparações, de que pode resultar a diminuição do seu preço, que se encontra inflacionado para compensar as margens reduzidas na venda de veículos.

A favor desta alteração, e em resposta aos que invocam a possibilidade de ela ter efeitos negativos sobre qualidade do serviço prestado, a Comissão argumenta que outros produtos tecnologicamente tão complexos como os veículos automóveis – por exemplo, os computadores – são já distribuídos de forma mais liberal. Espera-se ainda que as alterações a introduzir no Regulamento possam acelerar o desenvolvimento de um sistema de "distribuição racionalizada" (carros fabricados em função da encomenda do cliente e de acordo com as suas preferências).

Como era de esperar, estas propostas desencadearam uma viva contestação por parte dos construtores, que temem a perda de poder de mercado e de margens de lucro, em resultado nomeadamente das pressões para a baixa dos preços a partir da distribuição (incremento do chamado "poderio de compra"), em virtude do aumento da concorrência dentro da mesma marca. Esta semana, o Ministro da Economia alemão, W. Muller, fez seus os argumentos dos construtores, contestando vigorosamente as propostas de Bruxelas. Conhecida a importância dos construtores alemães – em 1999 a quota de mercado do grupo Volkswagen (18,8%) era a maior da Europa –, é de esperar que a discussão seja árdua e demorada, não sendo certo o seu desfecho final, pese embora a determinação da Comissão, apoiada aliás pelas organizações de consumidores.

Conseguirá o comissário Mário Monti vencer o poderoso "lobby" alemão?

25 de Janeiro de 2002

A COUTADA DAS FARMÁCIAS

Vital Moreira

Está na ordem do dia a questão das farmácias, com a ira da Associação Nacional de Farmácias (ANF) contra a ideia de criação de 100 "farmácias sociais".

Entre nós o acesso à actividade farmacêutica continua regulado por legislação do tempo do Estado Novo (1965), implementada por sucessivas portarias ministeriais, que por um lado reserva a propriedade e gestão de farmácias para os licenciados em Farmácia (exclusivo profissional) e que, por outro lado, condiciona administrativamente a criação de novas farmácias sobretudo em função de um mínimo de população a servir (actualmente 4000 habitantes), de modo a assegurar a "viabilidade da exploração económica", o que se traduz efectivamente numa contingentação do número de farmácias.

O exclusivo profissional – que não tem paralelo em nenhuma outra actividade – significa uma óbvia limitação da liberdade de iniciativa económica, de natureza retintamente corporativa. Além de vedar o acesso a não farmacêuticos, ele interdita implicitamente a titularidade de farmácias, quer pelo sector público (por exemplo, uma câmara municipal) quer pelo sector social e cooperativo. As poucas farmácias sociais, pertencentes a misericórdias e outras instituições de solidariedade, são em geral anteriores à lei de reserva da propriedade aos farmacêuticos, há mais de 30 anos.

A reserva de propriedade profissional gera situações verdadeiramente bizarras, pois as farmácias só podem ser transmitidas, mesmo por via hereditária, para farmacêuticos. Se não houver um herdeiro nessas condições, a alternativa está na alienação forçada da farmácia ou na constituição de uma situação de propriedade fictícia através de um testa-de-ferro, na base de uma arriscada relação de confiança.

Por sua vez, a contingentação administrativa das farmácias constitui uma óbvia restrição da concorrência, assegurando às farmácias existentes um mercado garantido, imune à competição de novos estabelecimentos. Com uma clientela cativa, as farmácias não têm incentivo para a modernização de instalações, para o melhoramento do serviço, para a conquista de clientes, para a concorrência nos preços (nos medicamentos sem preço fixado e nos demais produtos que elas vendem). Para mais, as farmácias têm o monopólio da venda de medicamentos mas não estão impedidas de vender muitos outros produtos, com relação próxima ou longínqua com eles....

O duplo malthusianismo farmacêutico, cerceando o aumento da oferta e a concorrência, garante obviamente uma confortável "renda de monopólio", que explica os preços astronómicos que atinge o trespasse de farmácias. Além disso, limitando-se o número de farmácias, restringe-se também o emprego de farmacêuticos como directores técnicos. Quem paga esta situação são, por um lado, os consumidores, com limitada capacidade de escolha, pior serviço, preços mais altos, menos farmácias de serviço permanente, e por outro lado, os jovens farmacêuticos, como menos estabelecimentos a necessitar deles.

Esta dupla restrição ao estabelecimento de farmácias era certamente congruente com o Estado Novo, onde a liberdade de estabelecimento cedia aos privilégios corporativos e onde a concorrência era sacrificada pelo "condicionamento industrial", pela reserva de mercado e pela cartelização administrativa da economia. Mas está obviamente desfasada com os princípios da liberdade de estabelecimento e da concorrência, próprios de uma genuína economia de mercado.

Justifica-se que as farmácias tenham obrigatoriamente um director técnico profissional, como sucede noutros tipos de estabelecimentos, desde logo na área da saúde (por exemplo, laboratórios farmacêuticos, laboratórios de análises clínicas, hospitais privados, etc.). Mas isso não justifica de modo algum o exclusivo farmacêutico da propriedade. Pelo contrário: a fusão da propriedade e da direcção técnica pode fazer perigar a necessária independência técnica em caso de conflito com os interesses do proprietário/empresário. Por isso, descontadas as necessárias incompatibilidades (por exemplo em relação a médicos e a empresas produtoras de medicamentos), o estabelecimento de farmácias deveria estar aberto a qualquer entidade financeiramente idónea.

Também se justifica que a criação e a gestão de farmácias seja submetida ao preenchimento de certos requisitos, tanto para assegurar instalações condignas, stocks permanentes de medicamentos, etc., como para garantir determinadas obrigações de serviço público, como a abertura à noite e durante os fins de semana. Mas, fora isso, nada justifica a limitação da liberdade de estabelecimento, a qual proporcionaria aumento da oferta, farmácias mais perto dos clientes e salutar concorrência na angariação dos mesmos, seja através da competição nos preços (lá onde ela é possível), seja pela atractibilidade dos estabelecimentos, seja pelos serviços facultados (fornecimento domiciliário, etc.).

O que é estranho é como esta insólita situação tem permanecido até agora, resistindo mesmo aos novos ventos da liberalização económica e da hostilidade aos monopólios e mercados protegidos. O duplo monopólio das farmácias tem resistido, sem que nenhum Governo tenha até agora tentado sequer beliscar o poderoso grupo de interesses que beneficia da situação. A destemperada reacção da ANF, verdadeiro cartel do sector, contra a tímida proposta de abertura de novas farmácias sociais mostra a enorme importância financeira do que está em jogo.

Na verdade, se essa providência é criticável não é seguramente pela sua ousadia (porquê só farmácias sociais e porquê só cem?). Pelo contrário: a solução apropriada só pode ser a liberalização, mesmo se prudente, do mercado das farmácias, quer quanto à titularidade, quer quanto à liberdade de criação de novos estabelecimentos (ressalvadas as limitações acima mencionadas). Os interesses dos consumidores, os dos farmacêuticos que não são proprietários/empresários e o interesse público não devem continuar reféns dos interesses financeiros de um pequeno grupo de beneficiários de uma coutada anacrónica.

13 de Fevereiro de 2002

DO EXCESSO AO DÉFICE DE REGULAÇÃO: AS FARMÁCIAS E A CONSTRUÇÃO CIVIL

Maria Manuel Leitão Marques

Portugal, como outros países, tem actividades económicas densamente reguladas e outras essencialmente desreguladas. Mas esta geometria regulatória tão variável não reflecte apenas uma diferente valoração do interesse público face a cada sector económico. Outros factores concorrem para a explicar a diferente intensidade da regulação (ou a falta dela), tais como o ambiente institucional ou as orientações mais ou menos liberalizadoras em cada Governo, as estratégias próprias das entidades reguladoras e, *last but not the least*, o peso dos interesses organizados e a sua capacidade de captura da regulação (ou insuficiência dela) em seu favor.

Dois exemplos que foram notícia nas últimas semanas demonstram essa natureza demasiado aleatória da regulação, que vai do excesso injustificável ao défice insustentável.

O primeiro caso – de excesso de regulação e de limitações directas à concorrência – é o do regime de *acesso à actividade farmacêutica*, caracterizado por uma dupla restrição, ou seja, o monopólio corporativo da propriedade das farmácias e a contingentação do número destas por critérios demográficos e territoriais. O resultado é um sector estritamente protegido, onde as regras do mercado e da concorrência não têm aplicação.

Em duas décadas de ambiente liberalizador não se percebe (ou percebe-se bem demais) a razão pela qual esta regulação tão excessiva, desproporcionada e mesmo contrária aos interesses que procura proteger – a saúde pública – se manteve incólume.

E é ridículo afirmar que assim deve continuar, só porque isso já podia ter sido feito há mais tempo (se calhar desde a Constituição económica de 1976 ou pelo menos desde a sua revisão em 1982), e não foi.

Esta situação constitui um dos factores da extraordinária factura de medicamentos suportada entre nós pelo Serviço Nacional de Saúde, através das comparticipações no seu preço, e pelos próprios doentes. Considerando que a procura de serviços de saúde tende a aumentar e o seu custo a crescer – não só porque as pessoas vivem mais tempo e se preocupam mais com sua saúde, mas também porque aumenta a despesa com meios de diagnóstico e tratamento cada vez mais sofisticados –, se não gerirmos melhor os recursos disponíveis, o serviço público de saúde poderá vir a transformar-se num serviço obsoleto, destinado sobretudo aos que não podem pagar o privado. Por isso, é preciso começar por cortar a despesa pública lá onde ela não remunera nenhum serviço efectivamente prestado, antes serve só para alimentar rendas monopolistas. Se mais razões não houvesse, só esta bastaria para justificar a inclusão da liberalização das farmácias, a começar pela criação de "farmácias sociais", num programa abrangente de racionalização da despesa pública na saúde.

O segundo exemplo, de sentido contrário, de défice de regulação, diz respeito ao *sector da construção civil*, em geral, e *das obras públicas*, em particular, e foi levantado por Helena Roseta, a nova bastonária da Ordem dos Arquitectos, numa recente, e excelente, entrevista ao "Expresso" da última semana.

De facto, tendo em conta a importância do sector, a situação é intrigante, não somente pelo défice de regras mas também por incumprimento das que existem (sobretudo em matéria urbanística). Como se explica o custo das obras públicas, sistematicamente muito superior ao inicialmente programado? Como se suporta que essas mesmas obras sofram com tanta frequência de defeitos graves, mal começam a ser utilizadas? Quantos cidadãos perceberão o preço empolado da habitação que adquirem (forçosamente, aliás, devido à inexistência de um mercado de arrendamento, o que faz com que Portugal seja um dos países europeus com maior taxa de habitação própria)? E quantos cidadãos não tiveram já que suportar do seu bolso reparações em casas novas, por não terem conseguido responsabilizar os respectivos construtores?

    O peso dos interesses da construção civil e a sua influência no exercício do poder político não têm cessado de crescer, tanto a nível nacional, como sobretudo a nível local. Continuam por esclarecer devidamente as circunstâncias que levaram o antigo Ministro das Obras Públicas, João Cravinho, a demitir-se, não sem acusar o lóbi dos empreiteiros de obras públicas de terem capturado a Administração Pública. E é evidente que os casos menos claros do poder local ao longo dos 25 anos de democracia andaram quase sempre à volta do mesmo, isto é, das obras públicas e das comprometedoras relações entre empreiteiros e câmaras municipais (muitas vezes com os interesses do futebol ou o financiamento dos partidos pelo meio). Quase sempre as mais flagrantes ilegalidades urbanísticas (ruas mais estreitas do que o devido, prédios com mais andares do que o permitido, falta de espaços verdes, equipamentos urbanos e locais de estacionamento, etc.) tornaram-se factos consumados, com a excepção do agora tão falado, talvez por isso mesmo, Prédio Coutinho, em Viana do Castelo. E tudo isto se tem passado mais ou menos em silêncio e com quase total impunidade, por défice de regulação pública, ou da sua implementação, e excesso de resignação privada.

    Impõe-se alterar esta situação. Primeiro, porque no caso das obras públicas, há que cumprir exigências de controlo da despesa pública, devendo começar-se naturalmente por eliminar os factores que geram despesas a mais e que não são contrapartida de nenhum serviço prestado, pelo menos à República. Segundo, porque, no caso da habitação, é preciso evitar o excessivo endividamento das famílias (e 75% do endividamento não é para o consumo, é para a habitação), sob pena de mais tarde ele se traduzir em custos sociais acrescidos. Terceiro, porque temos (Estado e cidadãos) direito de adquirir produtos sem defeito, sobretudo quando eles nos custam, em pagamentos ou impostos, uma elevada percentagem do nosso rendimento mensal e nos obrigam a dispensar outros confortos. Por último, como dizia Helena Roseta, porque, todos desejamos viver em cidades mais agradáveis onde qualidade de vida também venha da qualidade do espaço construído dentro e fora de portas.

Por tudo isto, é preciso melhorar a regulação deste sector, incluindo os estabelecimento de instâncias de supervisão dotadas de autoridade bastante e de meios adequados, desde logo em matéria de transparência e informação, contra os cartéis e conluios de toda a espécie. Mas é igualmente necessário que todos nós, que alimentamos este mercado, como clientes ou contribuintes, nos tornemos mais exigentes e responsáveis no exercício dos nossos direitos (e na "defesa do território") e menos complacentes com a prevalência de interesses particulares sobre o interesse público e os interesses dos consumidores, em geral.

22 de Fevereiro de 2002

UMA LEI-QUADRO DA REGULAÇÃO INDEPENDENTE?

VITAL MOREIRA

Em matéria de regulação pública da economia tudo indica que há uma coisa que não depende do partido que ganhar as próximas eleições parlamentares e vier a formar o novo Governo. Trata-se do projecto de aprovação de uma lei-quadro das autoridades reguladoras independentes.

De facto, tanto o PS como o PSD contêm no seu programa eleitoral um compromisso claro nesse sentido. No programa do primeiro consta o propósito de fazer aprovar na Assembleia da República *"leis-quadro de matérias ordenadoras tão relevantes como (...) os regimes das entidades independentes de natureza reguladora"*. E o segundo destaca igualmente a intenção de aprovar uma *"lei-quadro das autoridades reguladoras independentes"*, só não especificando se por via da AR ou não.

Este consenso dos dois partidos candidatos à governação sobre uma matéria tão relevante traduz uma fundamental convergência quanto a três princípios fundamentais.

O primeiro é o de que, hoje, no novo paradigma da "economia de mercado regulada", o papel do Estado na economia deve ser cada vez menos o de proprietário e de empresário, e mais o de regulador *(Estado regulador)*, não somente para fomentar e garantir a concorrência, mas também para fazer valer as obrigações de serviço público inerentes às "actividade de interesse económico geral" (correspondentes aos serviços públicos económicos tradicionais).

O segundo implica que a função reguladora do Estado deva ser, sempre que possível, desgovernamentalizada, sendo confiada a *entidades públicas independentes*, tanto quanto possível imunes tanto à ingerência governamental como à pressão das actividades reguladas. Trata-se de um novo entendimento da regulação, baseado na separação entre a esfera da política económica – a definição dos quadros legislativos e das grandes opções de cada sector –, que deve competir naturalmente ao parlamento e ao Governo, e a esfera da regulação administrativa e técnica – regulamentação de 2.° grau, implementação e supervisão das normas, sanção das infracções –, que deve pertencer a instâncias administrativas tanto quanto possível imunes ao ciclo político e às mudanças governamentais, de modo a garantir a imparcialidade, a estabilidade e a previsibilidade da regulação.

O terceiro princípio consiste em que as diversas entidades reguladoras independentes, para além das especificidades decorrentes das particularidades do sector sob sua jurisdição, devem obedecer a um conjunto homogéneo de requisitos quanto à garantia da independência e reger-se por normas dotadas de um mínimo de uniformidade institucional. É aqui que entra a questão da lei-quadro.

Entre nós percorreu-se já um longo caminho desde a criação da Comissão do Mercado dos Valores Mobiliários (1991), no seguimento da privatização da bolsa de valores e da liberalização do mercado de valores mobiliários. Descontado o caso do Banco de Portugal – que foi a nossa primeira entidade reguladora independente, na supervisão da actividade bancária, mas que constitui um caso à parte, dadas as demais funções do Banco, como banco central e como membro do sistema europeu de bancos centrais –, bem como o caso do Conselho da Concorrência – que, apesar da sua independência funcional, nem sequer tem personalidade jurídica nem serviços próprios –, a CMVM foi a nossa primeira entidade independente especificamente dedicada a tarefas reguladoras sectoriais. Seguiu-se-lhe a Entidade Reguladora do Sector Eléctrico (ERSE), criada em 1995, no âmbito de programa de reorganização e liberalização da electricidade. Ela foi primeira entidade reguladora independente fora do sector financeiro. E foi preciso esperar pelo ano 2001 para ver transformar em entidades reguladoras institucionalmente independentes o Instituto dos Seguros de Portugal (ISP) e o Instituto das Comunicações de Portugal, rebaptizado Autoridade Nacional para as Comunicações (ICP-ANACOM).

Entretanto foram sendo criadas diversas outras entidades reguladoras sectoriais, como por exemplo o Instituto Regulador das Águas e Resíduos (IRAR), o Instituto Nacional do Transporte Ferroviário (INTF), o Instituto Nacional da Aviação Civil (INAC), a par de outros mais antigos, em áreas muito diversas, como, entre vários, o Instituto da Farmácia e do Medicamento (INFARMED), ou o Instituto da Vinha e do Vinho (IVV). Mas trata-se de institutos públicos de tipo tradicional, integrados na "administração indirecta do Estado", sem garantia de independência orgânica dos seus membros (dada a possibilidade de destituição) nem de independência funcional (dada a tutela e superintendência ministerial a que estão submetidos).

As autoridades administrativas independentes são institutos públicos de outro tipo, muito diferente do modelo tradicional em muitos aspectos. A principal distinção é justamente a garantia de independência dos seus membros. O seu mandato é mais longo (cinco anos contra três nos institutos tradicionais). Os seus membros não podem ser destituídos, salvo por falta grave, devidamente apurada. Estão sujeitos a incompatibilidades mais intensas. As suas decisões não estão sujeitas a orientações nem a controlo ministerial. Adicionalmente, elas gozam normalmente de recursos financeiros próprios e de autogestão patrimonial e financeira, bem como de um regime jurídico em grande parte alheio ao direito administrativo (no regime de emprego, contratação de bens e serviços, etc.).

Pesem embora essas características comuns, verificam-se muitas divergências de regime, sem nenhuma justificação objectiva, que se devem somente à falta de uma perspectiva integrada na elaboração dos estatutos das diferentes entidades reguladoras, a que acresce o nosso vício administrativo predilecto que é o culto da singularidade. Essas divergências perturbam a elaboração de um conceito rigoroso de regulação independente, criam "externalidades negativas" institucionais desnecessárias e são factor de uma competição institucional que gera erráticas intervenções legislativas avulsas, com os inerentes desperdícios.

Tudo aconselha portanto a elaboração de uma lei-quadro deste tipo novo de entidades administrativas, que apure as grandes linhas do seu conceito institucional, que homogeneíze as principais soluções e que estabeleça um parâmetro jurídico mínimo, susceptível de poupar "custos de transacção" institucionais, sempre que se tem de criar uma nova entidade reguladora independente ou reformar uma já existente.

As coisas estão maduras para um empreendimento dessa natureza. Dez anos de experiências e de evolução permitem apurar um conjunto de regras relevantes, tendo em conta especialmente os exemplos mais recentes, naturalmente os mais elaborados. Neste aspecto o novo estatuto da ANACOM trouxe algumas importantes inovações, que permitem falar de uma *nova geração de autoridades reguladoras*, que por isso mesmo devem merecer acolhimento e generalização como padrão futuro das autoridades reguladoras independentes entre nós.

8 de Março de 2002

UM RECUO NA "TRANSPARÊNCIA"?

Maria Manuel Leitão Marques

Até à década de oitenta, o direito comunitário da concorrência pouco se preocupou com o sector público empresarial e com os serviços públicos económicos em especial. Tratava-se de um domínio, por assim dizer, na prática, quase imune às regras da concorrência.

Foram as políticas de liberalização, desregulação e privatização – iniciadas há um quarto de século no Reino Unido pela Primeira-Ministra Margaret Thatcher e depois seguidas em outros países europeus – que vieram suscitar uma apertada aplicação do art. 86.º do Tratado de Roma às empresas públicas – antes praticamente consumido pelo princípio da neutralidade relativamente às formas de propriedade dos Estados-membros (art. 295.º) –, bem como um controle mais rigoroso das políticas públicas dos Estados em matéria de auxílios (arts. 87.º e seguintes). Por isso mesmo, esta fase chegou a ser designada por alguns autores como a da "viragem pública do direito da concorrência".

O art. 86.º sujeita as empresas públicas e as empresas a que os Estados concedam direitos especiais ou exclusivos às mesmas regras da concorrência que obrigam as empresas privadas. Admite contudo um regime mais brando para as empresas encarregadas da gestão de um «serviço de interesse económico geral», desde que se prove que aplicação estrita das regras da concorrência prejudica o desempenho da missão particular que lhes foi confiada. Por último, incumbe a Comissão de tomar as medidas necessárias para aplicação do princípio desenvolvido no mesmo preceito.

Foi precisamente com esta base jurídica que a Comissão aprovou a chamada Directiva da "transparência", publicada em

1980 e posteriormente revista em 1993 e em 2000 (Directiva 2000/52/CE da Comissão, de 26 de Julho de 2000). A Directiva visa disciplinar e tornar visíveis as relações financeiras entre os poderes públicos e as empresas públicas (em sentido muito lato, compreendendo qualquer empresa onde aqueles possam exercer, directa ou indirectamente, uma influência dominante) ou empresas que beneficiem de um direito especial ou exclusivo. O seu principal objectivo é verificar se esses fluxos constituem ou não auxílios de Estado, susceptíveis de distorcer a concorrência no mercado comunitário. O conceito de auxílio também é muito amplo, abrangendo qualquer vantagem concedida, directa ou indirectamente, desde que provenha de recursos estatais e alivie os encargos que normalmente oneram o orçamento de uma empresa. Para garantir o controlo, a Directiva obriga os Estados-membros a disponibilizar à Comissão, durante cinco anos, os dados relativos às relações financeiras com quaisquer empresas desse tipo.

A Directiva foi muito contestada, tendo alguns Estados--membros (França, Itália, Reino Unido) recorrido mesmo ao Tribunal de Justiça. Mas este veio confirmar os poderes da Comissão para adoptar esse tipo de medidas, num Acórdão que, por isso, também ficou conhecido por Acórdão da "transparência".

Por sua vez, a jurisprudência do Tribunal de Justiça apertou o controlo sobre aquele tipo de fluxos financeiros, ao considerar que o simples facto de existir um financiamento público exigia a sua notificação e investigação.

Recentemente, contudo, um Acórdão do Tribunal (de 22/11/2001) modificou esta jurisprudência, considerando ser dispensável a notificação. A investigação será feita apenas em caso de queixa, invertendo-se, assim, o ónus da prova.

O Acórdão foi suscitado por um pedido de «decisão prejudicial» do Tribunal de Créteil, em França, por causa de um litígio que opôs a Ferring SA à Agence Centrale des Organismes de Securité Sociale. Os Laboratórios Ferring contestavam e pediam o reembolso de uma taxa de 2,5%, que lhes é aplicada pela Segurança Social sobre o seu volume de negócios relativo às vendas directas às farmácias, pelo facto de a essa mesma taxa não estarem sujeitos os grossistas-distribuidores de medicamentos. A Ferring considerou que existia, por esse facto, uma distorção na concorrência. Pelo seu lado, o governo francês argumentou que essa isenção constituía uma contrapartida das «obrigações de serviço público» que são impostas aos grossitas-distribuidores, nomeadamente, a de garantirem permanentemente uma variedade de medicamentos, aptos a responder às necessidades de um território delimitado, e a de assegurarem o seu fornecimento em prazos muito curtos.

Na sua decisão, o Tribunal considerou que a vantagem concedida não constitui um auxílio de Estado se não exceder os custos adicionais que são suportados pelo cumprimento das obrigações de serviço público. Assim sendo, obviamente, ela não tem de ser notificada e autorizada pela Comissão.

A confirmar-se esta jurisprudência, aumentará doravante a margem de manobra dos Estados para gerirem, sem controlo prévio da Comissão, a concessão de vantagens compensatórias às empresas sobre quem pesem obrigações de serviço público.

Pese embora a sua especificidade, parece inevitável ver nesta orientação mais um sinal de um novo entendimento sobre os serviços públicos, algo distanciado dos dogmas neoliberais que fizerem sucesso nos anos oitenta e noventa. Não prejudicando necessariamente uma política de liberalização na esfera dos "serviços de interesse económico geral" – embora esta também não seja hoje propriamente consensual –, são vários os sintomas de maior preocupação social, de reforço dos direitos dos utentes e mesmo, como se viu, de maior tolerância para iniciativas dos Estados-membros tendentes a assegurar as «obrigações de serviços público» a cargo de empresas públicas ou privadas.

Entre nós, já que acabamos de sair de uma campanha eleitoral recheada de laivos de neoliberalismo mais ou menos requentado, nomeadamente em relação aos serviços públicos tradicionais, será útil estar atento à discussão europeia, neste e noutros domínios, evitando importar, com atraso, um modelo que, nos seus traços mais extremistas, pode estar em vias de se tornar obsoleto.

22 de Março de 2002

UM NOVO FÔLEGO
PARA AS «ENTIDADES PÚBLICAS EMPRESARIAIS»?

Vital Moreira

Dois factos recentes parecem anunciar a ressurreição da figura das «entidades públicos empresariais», que parecia estar em vias de extinção. O primeiro foi a criação de um novo exemplar, a «Entidade Gestora de Reservas Estratégicas de Produtos Petrolíferos (EGREP), EPE». O segundo foi a decisão de empresarialização dos hospitais públicos, igualmente mediante a adopção do formato de «entidades públicas empresariais».

Até ao Decreto-Lei n.º 558/99, de 17 de Dezembro – da iniciativa do então Ministro das Finanças, Sousa Franco –, que veio estatuir em termos inovatórios o «Regime geral do sector empresarial do Estado e as bases gerais do estatuto das empresa públicas do Estado», a noção de «empresa pública» era reservada para um certo tipo de empresas do sector público, como tais qualificadas e reguladas por um diploma de 1976, sendo definidas pela sua natureza para-administrativa, de carácter institucional (e não societário), sujeitas a tutela e superintendência directa do Governo.

Foi com esse formato jurídico-institucional típico que foi organizado quase todo o extenso sector empresarial público resultante das nacionalizações de 1974-76. Porém, a partir de meados dos anos 80, quando se pensou em abrir o capital dessas empresas à participação privada, e depois em privatizá-las, a maior parte delas foram convertidas em sociedades comerciais, ou seja, sociedades de capitais públicos, entidades de direito privado (mas de «mão pública») essencialmente regidas de acordo com a lei comercial. Nessa mesma tendência, as empresas do sector público posteriormente criadas adoptaram também esse modelo à partida.

Desse modo, o formato de 1976, que tinha sido a regra, passava rapidamente a excepção, não restando a final mais do quatro empresas públicas no sentido estrito inicial, a saber, a REFER, a CP, a NAV e o Metropolitano de Lisboa (todas na área dos transportes). A nova modalidade das sociedades comerciais de mão pública, apesar de agora largamente dominante, não detinha nenhum regime legal específico, tendo cada empresa um regime «ad hoc», baseado na lei comercial, com as especificidades que o seu próprio estatuto previsse.

O referido diploma de 1999, aplicável ao sector público empresarial do Estado, veio alterar radicalmente a situação até aí existente. A noção de empresa pública passou a designar, em sentido muito amplo, todas as empresas do sector público, com domínio do Estado (num sentido essencialmente coincidente com a noção de empresa pública no direito comunitário europeu). Isto é, veio abranger desde logo as duas modalidades até aí separadas, as antigas empresa públicas, no sentido de 1976, e as sociedades de capitais públicos. Depois, passou a haver um regime geral para todas as empresas públicas. Quanto à sua organização, a lei estabeleceu como formato-regra o figurino da sociedade comercial (de mão pública), com a inerente natureza de entidade de direito privado, e com o respectivo capital titulado em partes sociais (nomeadamente em acções). Porém, ao lado desse esquema, a nova lei manteve a também o antigo modelo das empresas públicas, em sentido estrito, agora com a nova denominação de «entidades públicas empresariais», entidades de direito público, com um «capital estatutário», ou seja, um fundo institucional, em vez de capital social.

É certo que essa nova conceptologia não é universal, mantendo-se limitada ao sector empresarial do Estado, deixando de fora o sector empresarial das regiões autónomas e o sector empresarial municipal. Ora, quanto a estes último, uma lei de 1998 (Lei n.º 58/98, de 18 de Agosto) tinha vindo estatuir uma conceptologia e regime jurídico assaz diversos dos que um ano depois haveriam de ser vertidos na lei sobre o sector público estadual. Na verdade, a nível municipal a expressão «empresa pública» designa somente uma das três modalidades de organização da empresas municipais (a saber, aquelas em que o capital pertença a um só município ou associações de municípios), sendo as duas outras as «empresas de capitais públicos» e as «empresas de capitais maioritariamente públicos» (aquelas em que o capital é partilhado por várias municípios ou associações de municípios, eventualmente associados a outras entidades públicas, ou privadas, conforme os casos). Como se vê, a noção de empresa pública mantém aqui um sentido estrito, não abarcando todas as empresas do sector público municipal, parecendo muito mais próxima do sentido tradicional desde 1976.

Como quer que seja, a nível do sector empresarial do Estado, o quadro parecia estabilizado, com a adopção da regra geral da sociedade de capitais públicos e a subsistência de um pequeno número residual de entidades empresariais públicas, em vias de desaparecimento. Ora, foi este quadro que veio a ser perturbado pela criação da referida empresa para gerir as reservas estratégicas de petróleo e com a decisão de converter as unidades hospitalares públicas em entidades públicas empresariais. Contudo, ambas as iniciativas levantem alguns problemas.

De facto, a EGREP, EPE, apesar de se apresentar expressamente com o referido formato jurídico-organizatório e partilhar dos principais aspectos do respectivo regime (personalidade de direito público, capital estatutário, sujeição a superintendência e tutela directa do Governo), apresenta porém alguns traços um tanto bizarros, mais próprios das sociedades de capitais públicos. Só assim se compreende a previsão de uma assembleia geral entre os seus «órgãos sociais» (!?), a qual, no dizer da lei, é «o órgão deliberativo da EGREP, E. P. E., funcionando de acordo com o preceituado para as sociedades anónimas», órgão esse a quem cabe, entre outras coisas, eleger o conselho de administração, o qual portanto não é directamente nomeado pelos ministros da tutela.

Ora, não se tratando verdadeiramente de uma sociedade nem estando o capital titulado em partes sociais, não tem sentido prever uma assembleia geral e fazer intermediar a nomeação dos administradores por via dessa ficção. Note-se que nem as empresas públicas no formato da lei de 1976 nem as empresas públicas municipais da lei de 1998 prevêem a existência de uma assembleia geral. O diploma que criou a EGREP incorreu portanto numa desnecessária e incompreensível incongruência jurídico-organizatória, que não abona nada a favor da coerência conceptual e da distinção entre as "entidades públicas empresariais", por um lado, e as sociedades de capitais públicos, por outro lado.

O caso da conversão dos hospitais públicos em entidades públicas empresariais gera outro tipo de interrogações. Até agora os hospitais são considerados como entes públicos institucionais, ou seja, institutos públicos, na modalidade de estabelecimentos públicos, sujeitos no essencial a um regime de direito administrativo. É certo que desde há mais de um década começaram a aparecer figuras híbridas de institutos públicos sujeitos ao regime empresarial. Trata-se tanto de uma forma de agilização da gestão, quanto de um meio de fuga às constrições da gestão pública, nomeadamente em matéria de controlo do Tribunal de Contas e de mercados públicos (procedimentos de aquisição de bens móveis e serviços). No entanto, o que agora se decidiu em relação aos hospitais não coincide com essa solução. Do que se trata é de permitir converter, para todos os efeitos, os actuais estabelecimentos directamente em empresas públicas, na modalidade de entes públicos empresariais.

Todavia, no actual sistema de quase gratuitidade dos serviços de saúde, os hospitais continuarão a não ter natureza materialmente empresarial, visto que não produzem serviços para o mercado, nem são financiados pelos seus utentes, mas sim pelo orçamento do Estado. A solução empresarial é pois essencialmente uma técnica de organização e gestão, mais do que um formato inerente à verdadeira natureza dos estabelecimentos. Foi certamente por isso que, em dissonância com a pretendida qualificação de empresa pública, o diploma em causa tenha mantido a vinculação desses estabelecimentos a alguns aspectos próprios dos entes administrativos, nomeadamente as regras dos mercados públicos.

Tudo somado, é caso para dizer que a categoria dos entes públicos empresariais, que se pensava moribunda (pelo menos a nível do sector empresarial do Estado), afinal dá mostras de ressuscitar. Mas as peculiaridades das duas soluções aqui analisadas mostram que, em vez de ganharem em coerência e legibilidade, as soluções organizatórias do sector empresarial e para-empresarial público não cessam de se tornar cada vez mais complexas e atípicas.

8 de Abril de 2002

DESCONTOS EM RODA LIVRE?

Maria Manuel Leitão Marques

"É proibido proibir", um conhecido slogan de Maio de 1968, é a ideia fundamental que inspira a proposta da Comissão Europeia de "Regulamento sobre as promoções de vendas no mercado interno", como expressivamente refere a revista francesa de distribuição, LSA.

Liberdade para conceder descontos e fixar o seu montante mesmo fora da época de saldos (ressalvando-se o caso dos livros), eliminação das proibições impostas às promoções de vendas, proibição de fazer depender as promoções comerciais de qualquer tipo de autorização prévia, eis alguns dos aspectos previstos no Regulamento em preparação.

Se entrasse em vigor o texto que esta semana começou a ser discutido na Comissão dos Assuntos Jurídicos e do Mercado Interno do Parlamento Europeu, seguramente que a imaginação e a liberdade dos agentes económicos, em especial a dos retalhistas e a dos seus assessores de marketing, seriam claramente ampliadas. Particularmente beneficiados seriam aqueles que pretendessem organizar campanhas dirigidas a mais do que um Estado-Membro, seja em virtude da supressão dos impedimentos agora existentes, diferentes de país para país, seja pela via do reconhecimento mútuo da legislação de cada Estado. Na verdade, baseando-se na necessidade de suprimir entraves à liberdade de prestação de serviços, de estabelecimento e de mercadorias, o Regulamento pretende, em primeiro lugar, facilitar o comércio transfronteiriço e, em segundo, aumentar a transparência das promoções para os consumidores.

Aspecto mais polémico, sobretudo para as associações de

fornecedores e de pequenos retalhistas, é que deixariam também de ser proibidas as vendas com prejuízo, definidas enquanto vendas abaixo do preço facturado ao retalhista ou ao grossista, incluindo o transporte, seguro e outros custos de entrega, tal como acontece actualmente em sete Estados-Membros, incluindo Portugal. Admite-se, no entanto, que um fornecedor possa impedir ou condicionar este tipo de promoção dos seus produtos e – o que parece menos compreensível – exige-se a informação ao consumidor de que se trata de uma venda abaixo do custo. A prevenção de outros efeitos negativos deste tipo de prática é deixada ao direito da concorrência, quando haja posição dominante do distribuidor.

Para compensar esta liberalização da "comunicação comercial" (qualquer comunicação concebida para promover, directa ou indirectamente, produtos, serviços ou a imagem de uma empresa), estabelecem-se deveres de informação muito exigentes a favor dos consumidores. Em alguns casos essa informação é obrigatoriamente facultada (a indicação do preço e do montante do desconto, identidade do promotor, duração da oferta, etc.) e em outros pode ser solicitada pelo cliente (como o preço anterior do produto ou serviço promovido).

Regras especiais para as crianças estão também previstas. É sabido que estas constituem hoje um dos alvos preferidos das campanhas de marketing e inspiram novos produtos e conceitos de comércio. Lojas em formato atelier (como as da cadeia "Buid-a-Bear", onde se pode construir um boneco de "peluche" e baptizá-lo), quiosques interactivos com jogos em multimédia, espaços dedicados, clubes juniores, são apenas algumas das iniciativas comerciais para chamar a atenção ou fidelizar a clientela mais jovem. Este esforço de captação deve-se ao aumento do valor das compras efectuadas ou induzidas por crianças, estimando-se que a criança e o seu universo influenciem hoje cerca de 50% das compras familiares. O Regulamento confere especial atenção à protecção de dados pessoais – tão importantes para preparar as promoções –, evitando a sua recolha sem consentimento dos pais; no caso de crianças com menos de 14 anos, proíbe qualquer oferta gratuita a crianças não acompanhadas susceptível de afectar a sua saúde, bem como a oferta de bebidas alcoólicas a menores de 18 anos.

Interessante, até pela sua excepcionalidade, é ainda o facto de o novo Regulamento pretender vincular expressamente não apenas os Estados-Membros mas também qualquer organismo auto-regulador que edite regras aplicáveis a este tipo de serviços. Ou seja, o novo regime não pode ser afastado por meio de acordo colectivo dos próprios interessados ou por meio de decisão das suas associações representativas.

O evidente propósito liberalizador desta iniciativa da Comissão Europeia tem suscitado reacções negativas a alguns aspectos da proposta por parte de associações de agentes económicos e reservas dos Estados de tradição mais intervencionista. Verifica-se mesmo a oposição de associações de consumidores, que contestam o facto de o Regulamento vir prejudicar a discussão do Livro Verde sobre a Protecção do Consumidor e duvidam da aposta na informação e na transparência em que assenta basicamente a protecção do consumidor no texto da proposta. Como lembrava o porta-voz do Eurocommerce, a este coro de protestos pode vir ainda a juntar-se, por motivos opostos, a voz de países com legislação mais liberal, que não desejam ver-se sobrecarregados com obrigações de informação suplementares (como acontece com o Reino Unido em matéria de vendas com prejuízo).

Seja qual for o destino final da actual versão do Regulamento, ela indicia em si mesma uma nova atitude da Comissão relativamente às regras específicas sobre condições de venda. Até agora, a sua definição tinha sido deixada aos Estados-Membros ou às autarquias territoriais infra-estaduais, por se entender que ambos se encontravam melhor posicionados para o fazer (princípio da subsidiariedade). Assim aconteceu com o regime de acesso à actividade comercial (incluindo o licenciamento das UCDR) ou com a fixação dos horários de funcionamento dos estabelecimentos comerciais, desde que não discriminassem entre os titulares dos estabelecimentos (nacionais desse ou de outros Estados-Membros) ou entre as mercadorias comercializadas (nacionais ou importadas).

Contudo, a entrada em circulação do euro e o aumento da mobilidade dos cidadãos tornam provável a reivindicação de um papel mais activo das instituições comunitárias na regulação comercial, sendo esta proposta apenas um dos sinais desta tendência. Veremos se assim será, sendo ainda cedo para fazer previsões. Afinal, uma das propostas de emenda que será discutida no Parlamento é a de que esta nova regulamentação só entre em vigor em 2004. Até lá, esperaremos pelos saldos!

19 de Abril de 2002

LAMENTÁVEL RECUO

Vital Moreira

Apareceu na imprensa, de passagem, uma notícia segundo a qual o novo Governo tenciona fundir num único organismo as actuais entidades públicas no domínio do transporte ferroviário, nomeadamente o INTF (Instituto Nacional do Transporte Ferroviário), a REFER (a empresa gestora da rede ferroviária) e a CP (a empresa pública do transporte ferroviário). Deve tratar-se de um lapso, porque, se não for, é uma opção política desproporcitada e insensata.

Compreende-se o afã do Governo em mostrar rapidamente resultados no seu propósito de emagrecer o número e reduzir a dispersão dos institutos e empresas públicas. Fundir as três referidas entidades numa só pouparia aparentemente muitos recursos comuns (órgãos dirigentes, instalações, «back-office», etc.). Mas seria um erro grave misturar numa única entidade funções de regulação e de operação do transporte ferroviário. Na verdade, enquanto o INTF é uma entidade reguladora exterior às entidades reguladas, as duas empresas públicas em causa (a gestora da rede e a encarregada das operações de transporte) são operadores sujeitos a regulação da primeira. E assim deve continuar a ser.

Uma das transformações mais importantes da «revolução regulatória» das últimas duas décadas foi justamente a separação entre a função de regulação pública e as empresas públicas (nos casos em que o Estado mantém funções de produção de bens ou serviços). Na verdade, no paradigma tradicional do Estado intervencionista as funções de regulação eram em geral efectuadas por via da propriedade pública ou estava integrada com a propriedade pública, estando aquelas confiadas directamente aos operadores públicos de cada sector. Mesmo quando não existia um monopólio público, cabia às empresas públicas em causa a regulação do respectivo sector, incluindo a actividade dos operadores privados.

No novo modelo da «economia de mercado regulada», caracterizada pela desintervenção do Estado, pela liberalização dos sectores anteriormente mantidos em exclusivo pelo sector publico e pela privatização de empresas públicas, tão importante como a liberalização e a privatização é a separação entre as funções de regulação pública e o sector empresarial do Estado remanescente. As empresas públicas deixam de ser um instrumento de regulação ou de deter funções de regulação, passando a estar sujeitas, em pé de igualdade com os operadores privados do sector, ao poder regulatório de entidades reguladoras dedicadas, com funções exclusivamente reguladoras.

É claro que se poderia pensar em devolver as funções reguladoras à administrarão directa do Estado, nomeadamente, no caso concreto, à Direcção-Geral dos Transportes Terrestres, mantendo dessa forma uma separação, ao menos formal, entre a função reguladora e as empresas públicas reguladas. Mas também aí se trataria de um recuo injustificado, não somente porque, pela sua especificidade, a regulação ferroviária requer um organismo dedicado, capaz de mobilizar e recrutar a necessária "expertise" técnica e profissional, mas também porque somente um organismo juridicamente autónomo (um instituto publico, em suma) pode ser o suporte da necessária independência em relação ao próprio Governo, como se mostrará abaixo.

A regulação separada é uma condição da liberalização e da privatização dos antigos exclusivos empresariais públicos num novo quadro concorrencial. Sem uma entidade reguladora dedicada, independente dos operadores públicos e privados, não é possível estabelecer um ambiente credível de liberalização e de concorrência, que requer naturalmente garantias de imparcialidade e de igualdade de condições dos diversos operadores. Nada disso estaria assegurado, se as funções de regulação não estivessem entregues a um organismo público diferente do(s) operador(es) públicos que subsistam.

Esta regra aplica-se inteiramente ao sector do transporte ferroviário. A liberalização do sector já começou, iniciando-se com o transporte das mercadorias. Na própria área do transporte de passageiros, a CP já não detêm o monopólio, depois da concessão da travessia ferroviária do Tejo, em Lisboa, a uma empresa privada. O avanço da liberalização está na agenda da Comissão Europeia. Por isso, a opção tomada há poucos anos de constituir uma entidade reguladora dedicada (o referido INTF), criada em 1998 (Decreto-Lei n.° 299-B/98, de 29 de Setembro), deve considerar-se inteiramente justificada e mesmo imperiosa, face às perspectivas de liberalização do sector dos transportes ferroviários.

Já não era imperiosa a cisão da antiga empresa pública integrada (a CP) em duas empresas, uma para gerir a rede ferroviária (a Refer) e outra para se ocupar das operações de transporte (a nova CP), efectuada em 1997. Mesmo num ambiente de liberalização do transporte ferroviário não era inconcebível a acumulação da gestão da rede com as operações de transporte, desde que a empresa fosse obrigada a fazer separação rigorosa das contas de cada uma dessas áreas («unbundling»), de modo a permitir um cálculo adequado do custo de utilização da rede, que teria de ser suportado por tarifas a pagar quer pelo próprio operador público quer pelos novos operadores privados. Como se sabe, é esta solução mais "recuada" a que vigora noutros países, mesmo em sectores já fortemente liberalizados, como a electricidade e o gás, em que a antiga empresa pública se manteve verticalmente integrada, sujeita porém a obrigação de "unbundling" contabilístico e financeiro, sob controlo do regulador. Mas, tendo a cisão sido feita entre nós, não se vê vantagem em voltar atrás, tornando a integrar as duas empresas.

Seguramente que o actual modelo de operação e regulação pública dos transportes ferroviários carece de aperfeiçoamentos. Desde logo, o modelo vigente não satisfaz um dos traços essenciais do novo paradigma regulatório, que é a independência institucional do regulador em relação ao Governo. Na verdade, diferentemente do que ocorre com outras entidades reguladoras (CMVM, ERSE, ANACOM, etc.), que integram a nova categoria das «autoridades reguladoras independentes», o INTF mantém-se no essencial fiel ao formato dos institutos públicos tradicionais (mandato curto, destituibilidade, sujeição a superintendência e a tutela governamental), sem as necessárias garantias de independência orgânica e funcional (mandato longo, inamovibilidade, não sujeição a tutela nem superintendência no exercício das funções reguladoras).

A independência da autoridade reguladora não é necessária somente para a colocar à margem dos ciclos políticos – em homenagem à estabilidade e previsibilidade do quadro regulatório do sector – mas também para garantir a própria independência em relação ao operador público. Na verdade, se o regulador estiver sujeito a controlo do membro do Governo que tutela o operador público, então é evidente o perigo de a regulação ser influenciada pelos interesses do Estado-empresário, ou seja, pelos interesses da empresa pública, a qual em vez de ser regulada passa a poder influenciar o regulador, por interposto ministro.

Por conseguinte, em vez de lançar borda fora a reforma de 1997/98, o Governo melhor faria em aperfeiçoá-la e em implementá-la mais eficazmente do que tem sido (por exemplo, criando condições para que as decisões do regulador não sejam impunemente desrespeitadas pelas empresas públicas reguladas). Sem isso é de duvidar se o sector dos transportes ferroviários em Portugal pode ter um futuro institucionalmente tranquilo e estável.

3 de Maio de 2002

ACESSO E CONCORRÊNCIA NAS TELECOMUNICAÇÕES

Maria Manuel Leitão Marques

No concerto da Daniela Mercouri, que há dias encerrou a "queima das fitas" em Coimbra, os écrans laterais do palco foram utilizados para projectar mensagens SMS enviadas para um número dedicado. Toda a noite, no "queimódromo", ao ritmo da animação própria das circunstâncias, os telemóveis foram euforicamente utilizados, marcando encontros, fazendo confidências, expressando desejos e sentimentos ("Estou à tua espera no sapo", "Amo-te Francisco", "Serás a maior enfermeira", etc., etc.). Tendo em conta que menos de três décadas atrás, em Coimbra como em outras cidades portuguesas, se tinha de esperar vários anos pela instalação de um telefone, não pude deixar de reflectir sobre a verdadeira revolução que os telefones móveis vieram trazer à comunicação, resolvendo definitivamente o problema do acesso a este serviço essencial. Concomitantemente, passou a ser também quase instantânea a obtenção de uma ligação fixa.

Mas se o acesso deixou de ser um problema para o utilizador final da rede móvel ou fixa, o mesmo não aconteceu para os fornecedores desse serviço. Bem pelo contrário. O acesso à rede fixa por parte de operadores concorrentes do operador tradicional – que muitas vezes continua a manter a gestão da rede – é hoje a questão fundamental na regulação das telecomunicações, o mesmo acontecendo em outros serviços em rede (electricidade, gás natural, transportes ferroviários, etc.), a tal ponto que Jeremy Rifkin, num livro expressivamente designado "*A Era do Acesso*" (New York: Penguin Putham, 2000), sustentou que, no mundo emergente das redes, o lugar central da propriedade está a ser ocupado pelo direito ao acesso.

A garantia do acesso à rede pode ser publicamente assegurada através de dois instrumentos principais: a regulação liberalizadora, de natureza sectorial, particularmente a chamada *"unbundling regulation"*, que obriga as empresas encarregadas da gestão das redes a separar (pelo menos do ponto de vista contabilístico) essa actividade das demais actividades em que elas também estão envolvidas nos mercados secundários ou derivados; e a regulação de defesa da concorrência, de natureza transversal, que aplica ao acesso às redes os mecanismos desenvolvidos no direito geral da concorrência, nomeadamente, os relativos ao abuso de posição dominante.

Nas telecomunicações, as restrições à concorrência podem advir de o acesso ao "lacete local" – ou seja, a ligação física entre as instalações dos clientes e a central de comutação local do operador de telecomunicações – continuar a ser quase exclusivamente garantido através da rede de fios de cobre, normalmente explorada pelo operador dominante, em geral o antigo detentor do monopólio público do sector, rede essa que não pode ser duplicada, por razões económicas ou ambientais. Os novos operadores precisam de ter acesso a essa rede em condições justas e não discriminatórias para poderem oferecer serviços aos consumidores finais em condições competitivas em relação ao operador incumbente.

A Comissão Europeia, que promoveu ao longo de mais de uma década a liberalização e concorrência nas telecomunicações, tem vindo a expressar alguns sinais de preocupação pelo facto de esse processo não estar a evoluir tão rapidamente como se desejaria, nomeadamente na oferta desagregada de acesso ao lacete local, protelando a concorrência nas telecomunicações fixas.

Na semana passada, por exemplo, a Comissão anunciou ter aberto uma investigação à Deutsche Telekom (DT) por abuso de posição dominante. Uma empresa em posição dominante é aquela que, em virtude da sua grande quota de mercado ou de outros factores, não está sujeita a uma concorrência efectiva no respectivo mercado relevante, podendo definir o seu comportamento de forma relativamente independente dos concorrentes. Se essa posição for usada para limitar a concorrência, afectando as transacções numa parte substancial do mercado comum, cai no âmbito da proibição estabelecida no art. 82.º do Tratado CE.

Na sequência de queixas apresentadas por outros operadores de telecomunicações alemães, a Comissão entendeu que a DT estava aplicar aos novos operadores tarifas mais elevadas pelo acesso grossista ao lacete local do que as pagas pelos assinantes da DT pelo acesso a retalho, comprimindo, desse modo, as margens entre as suas tarifas grossistas e retalhistas. A DT estaria assim a explorar o seu controlo sobre uma infra-estrutura essencial a montante – a rede – para manter a sua posição dominante e limitar a concorrência no mercado derivado a jusante, o do retalho. Na verdade, após quatro anos de abertura nominal do mercado à concorrência, a quota da DT continua a ser de cerca de 98% neste mercado.

A doutrina das infra-estruturas essenciais (*"essential facilities"*), de origem norte-americana, baseia-se na existência de situações de monopólio económico de facto ou de exclusividade legalmente protegida, que permitem o controlo de factores essenciais para o fabrico de um produto ou fornecimento de um serviço, desde que esses factores não sejam facilmente reprodutíveis. Resolver o problema do acesso às infra-estruturas essenciais através da regras da concorrência implica impor às empresas que delas são legítimas proprietárias a obrigação de permitir o acesso aos concorrentes, a fim de possibilitar uma concorrência efectiva. Por isso, a obrigação de acesso a recursos ou estruturas essenciais tem sido criticada, por uns, como uma limitação excessiva do direito de propriedade das empresas de sucesso sobre bens que são essenciais à sua actividade e aplaudida, por outros, como um novo instrumento de liberalização dos mercados, por via de uma interpretação e de um uso imaginativo do direito da concorrência.

Considerando a investigação agora aberta à DT bem como outras iniciativas recentes da Comissão, tudo indica que a utilização do direito da concorrência está em vias de fazer o seu caminho como instrumento de liberalização, quando a regulação sectorial não exista ou não se revele eficaz na garantia do acesso de terceiros às redes e na fixação de tarifas e outras condições de forma equitativa e não discriminatória. Na verdade, num curto espaço de tempo, outros operadores dominantes europeus foram também objecto de investigação. Em Março, foi a vez do operador histórico holandês, Koninklijke KPN, ser investigado por abuso de posição dominante, em virtude de comportamento discriminatório no que respeita ao custo da transferência de chamadas da rede fixa para a rede móvel. E a Wanadoo Interactive, uma filial da Wanadoo SA, que por sua vez é detida em 72% pela France Telecom, tinha sido acusada em Novembro de 2001 também por abuso de posição dominante, considerando que praticava preços predatórios (preços abaixo dos custos) no seu serviço de ADSL (*Assymetric Digital Subscriber Line*) – que permite um acesso à Internet em alto débito nas linhas telefónicas –, criando desse modo dificuldades acrescidas para a entrada de novos concorrentes nesse mercado. Segundo a Comissão, essa situação era explicada em grande parte pela redução das tarifas das prestações intermédias fornecidas pela France Telecom à Wanadoo.

A Comissão defende que uma limitação à concorrência neste momento virá a ser significativamente prejudicial, no futuro, para os consumidores e para o desenvolvimento da nova economia, tanto no preço, como na qualidade dos serviços. Daí a sua tentativa de evitar a captura do mercado por um único operador e o seu controlo apertado sobre o comportamento dos operadores históricos melhor posicionados por efeito do seu domínio sobre a rede.

17 de Maio de 2002

A EMPRESARIALIZAÇÃO DE SERVIÇOS PÚBLICOS

Vital Moreira

A intenção manifestada pelo novo Governo de implementar o programa de empresarialização dos hospitais públicos projectado pelo anterior executivo, no ministério de António Correia de Campos, é o mais recente sinal de um movimento geral para conferir mais agilidade, eficiência e responsabilidade à gestão dos serviços públicos em geral.

De facto, se a fórmula empresarial, em qualquer das duas modalidades típicas de empresa pública ("ente público empresarial" ou sociedade de capitais públicos) se impôs naturalmente, desde o final dos anos 60 do século passado, no caso dos estabelecimentos comerciais e industriais públicos que produzem bens e serviços para o mercado, e cujas receitas são constituídas essencialmente pelo produto da venda desses mesmos bens e serviços, já tal parecia excluído no caso dos estabelecimentos públicos que prestam serviços fora do mercado, por serem gratuitos ou essencialmente gratuitos (estabelecimentos de saúde, universidades, etc.), ou em que as receitas próprias constituem uma parte reduzida das suas necessidades financeiras (teatros públicos, orquestras públicas, etc.).

É certo que não faltaram experiências nesse sentido, como sucedeu por exemplo com o Teatro Nacional de S. Carlos (a ópera nacional), que foi transformado durante algum tempo em empresa pública. A fórmula ficou porém longe de ser um êxito, tendo sido depressa abandonada. É verdade também que desde os anos 80 alguns institutos públicos (entes públicos institucionais) foram adoptando alguns aspectos do regime próprio das entidades públicas empresariais, nomeadamente para efeito do regime do seu pessoal (regime do contrato de trabalho), de gestão financeira e de contratação de bens e serviços.

Todavia, na maior parte dos casos a principal motivação dessa inovação teve a ver com o desiderato de recrutar mais livremente o pessoal, à margem das constrições administrativas e dos limites remuneratórios da função pública, bem como de fugir ao controlo financeiro do Tribunal de Contas e aos procedimentos administrativos da contratação pública de bens e serviços. Em globo pode dizer-se que esse mecanismo de empresarialização parcial dos institutos públicos tradicionais criou figuras híbridas – misto de instituto público tradicional e de empresa pública, mescla de regime administrativo e de regime de direito privado –, que na maior parte dos casos não se revelaram à altura das expectativas, para além de terem tido alguns efeitos perversos (como a subida desproporcionada com a factura com o pessoal).

No campo dos estabelecimentos de saúde existem desde há poucos anos em funcionamento duas experiências de tipo empresarial, nomeadamente os hospitais de S. Sebastião (Feira) e do Barlavento Algarvio (Portimão). Trata-se de uma empresarialização parcial e prudente, visto que por um lado se estabeleceram excepções ao regime empresarial (por exemplo, no que respeita à aquisição de bens e serviços por via de concurso), e por outro lado se ficou aquém da "mercadorização" das prestações de saúde, tendo-se antes optado pela figura do contrato-programa como forma de ligar o financiamento ao desempenho. Ainda assim, os resultados parecem ser animadores.

A ideia, agora, é generalizar este modelo, avançando para a criação de verdadeiras empresas públicas. Para haver uma verdadeira empresarialização dos estabelecimentos públicos de saúde são necessários três requisitos essenciais.

O primeiro é naturalmente a alteração do figurino jurídico--institucional, substituindo a fórmula do instituto público (ente público institucional) pela da empresa pública, o que implica a adopção de um regime de direito privado na gestão do estabelecimento (relações laborais, gestão financeira, contratos, aquisição de bens e serviços, etc.), bem como uma garantia de adequada autonomia de gestão face ao Governo.

O segundo tem a ver com a forma de financiamento do estabelecimento. No modelo tradicional, os estabelecimentos públicos são financiados directamente pelo orçamento do Estado "a montante", segundo os seus gastos previstos, sendo esse financiamento em geral independente do "output" do estabelecimento. Na nova fórmula empresarial o financiamento tem de depender da produção do estabelecimento. Preferivelmente ele deve ser feito "a jusante", a título de "venda" dos seus serviços, pelo que o estabelecimento realiza tanto mais receitas quanto mais e melhor produzir. Como as prestações de saúde não são pagas pelos utentes, tem de ser o Estado a aparecer como "comprador" das mesmas prestações. Quer dizer, o Estado tem de se desdobrar em duas personalidades, a saber, como proprietário do estabelecimento (detendo por isso funções de tutela sobre a gestão) e como comprador dos seus serviços, pagando-os em nome dos utentes. Para isso é necessário que esses dois papéis do Estado estejam investidos em dois organismos públicos diferentes, tanto quanto possível independentes entre si.

Em terceiro lugar, torna-se necessário que o desempenho empresarial do estabelecimento tenha reflexo, quer em termos de responsabilidade perante o "dono" do estabelecimento (o Estado), quer em termos de prémio ou de penalização na remuneração dos gestores e do pessoal. Sem essa responsabilidade dupla, nenhuma empresarialização cumprirá os seus objectivos. Só assim ficam criados os "mecanismos de tipo mercado" (MTM), que podem replicar um ambiente propício ao funcionamento da lógica empresarial.

Satisfeitos estes três requisitos, a empresarialização pode ser uma solução adequada para algumas das actuais pechas da gestão dos estabelecimentos do SNS, nomeadamente a baixa produtividade, a promiscuidade entre o sector público e o sector privado, em prejuízo do público, o desperdício dos recursos instalados. Nas condições propostas, nenhum gestor admitirá o não cumprimento de horários, o excesso de horas extraordinárias para empolar artificialmente as remunerações, a subcontratação desnecessária, e muitas vezes ruinosa, de serviços externos, a subutilização crónica de espaços e equipamentos (por exemplo, blocos operatórios), etc.

Existe um requisito adicional para que o modelo funcione, que é a existência de um verdadeiro mercado no recrutamento de profissionais (médicos, enfermeiros, paramédicos). Ora a política malthusiana de muitos anos nesta área provocou uma escassez artificial, que fez encarecer o pessoal e conferiu rigidez ao mercado. Uma das principais causas para os gastos excessivos do SNS está em que factura do pessoal é comparativamente exagerada. Os médicos e enfermeiros ganham sensivelmente mais em Portugal do que por exemplo em Espanha. Por isso é necessário providenciar no sentido de aumentar a oferta, de modo a fazer baixar o preço.

Contraditoriamente, porém, o novo Ministro da Educação já veio dizer que não autorizará novos cursos de Medicina, nem nas universidades públicas nem nas privadas. O retorno a uma política restritiva do acesso às profissões médicas é dificilmente compreensível, face às necessidades do sector. E se no caso das universidades públicas – onde aliás foram criadas duas novas faculdades de Medicina nos últimos anos – ainda se podem invocar razões de contenção das despesas públicas, já se afigura totalmente desproporcionado impedir as universidades privadas de criar cursos médicos (actualmente não existe nenhum nessas escolas), desde que elas garantam os padrões de qualidade apropriados, oficialmente definidos e previamente controlados. No actual estado de escassez da oferta de profissionais a empresarialização pode resultar num verdadeiro "tiro pela culatra", encarecendo ainda mais a factura do pessoal e restringindo fatalmente a esfera de liberdade de decisão empresarial dos gestores.

31 de Maio de 2002

QUEM PODE O MAIS NÃO PODE O MENOS?

Maria Manuel Leitão Marques

Será que, ao abrigo do direito comunitário europeu, que permite aos Estados manter empresas total ou maioritariamente públicas (por exemplo, a Caixa Geral de Depósitos ou os CTT), com base no interesse público, no interesse dos consumidores ou por quaisquer outras razões que nem precisam de ser confessadas, já não lhes é possível, se decidirem privatizar essas empresas, estabelecer limites às participações privadas ou manter acções privilegiadas (*golden shares*), que lhes permitam o exercício de direitos especiais (como acontece na PT ou na EDP), mesmo que não discriminatórios em razão da nacionalidade dos accionistas e investidores?

Eis a pergunta que nos sugerem os recentes Acórdãos do Tribunal de Justiça nos processos instaurados pela Comissão Europeia contra Portugal e contra a França.

No primeiro desses processos, a Comissão contestava as disposições da legislação portuguesa das privatizações que permitem, por um lado, limitar o montante de capital a subscrever por entidades estrangeiras e o valor máximo da respectiva participação e, por outro, sujeitar a uma autorização prévia do Ministro das Finanças a aquisição de acções representativas de mais de 10% do capital (ou que ultrapassem esse montante juntamente com as já detidas) por uma só entidade (Lei n.º 11/90 e Decreto-Lei n.º 380/93).

No segundo caso, a Comissão contestava os poderes especiais da *golden share* do Estado francês na Elf-Aquitaine, pelo facto de a mesma permitir ao Governo nomear a maioria dos membros do conselho de administração e exercer prerrogativas de oposição a toda a alienação ou penhor dos principais activos da empresa susceptíveis de causar prejuízo ao interesse nacional.

Quanto à discriminação estabelecida na lei portuguesa contra as participações estrangeiras, parece difícil contornar os argumentos da Comissão e do Tribunal. Na verdade, ela afronta directamente o princípio da igualdade de tratamento.

Tal não se aplica, porém, pelo menos com igual clareza, às demais limitações referidas, ou seja, a possibilidade de os Governos controlarem o montante de capital que pode ser subscrito e detido por uma só entidade e certas alterações no capital social das empresas, seja com base na lei ou e/ou em acções privilegiadas. Trata-se de medidas politicamente compreensíveis, considerando que está em causa a privatização de empresas estratégicas em sectores socialmente muito sensíveis, que, por isso mesmo, foram durante muitos anos explorados em regime de monopólio público. As restrições quantitativas às participações privadas, bem como os direitos especiais retidos pelo Estado, para controlo das alterações ao capital social das empresas objecto de privatização, têm servido como uma espécie de instrumento moderador, de almofada, para as privatizações. O Estado abre rapidamente mão do capital, mas mantém alguma capacidade de intervir em aspectos estratégicos da empresa. Daí a importância destas decisões do Tribunal, até porque muitos outros Estados-Membros conservam privilégios semelhantes nas empresas que privatizaram (o Reino Unido, a Espanha, a Irlanda, entre outros).

A Comissão contestou o facto de esse poder ser exercido em abstracto sem que critérios muito objectivos fossem previamente definidos, permitindo a discricionariedade na decisão (quando o critério é, por exemplo, o do "interesse nacional") e/ou dando azo a que ela possa esconder restrições não proporcionais à liberdade de circulação de capitais ou mesmo discriminações em função da nacionalidade do investidor. (Aliás, mesmo que este risco existisse, o seu controlo poderia ser efectuado em cada caso concreto, em que se verificassem indícios de discriminação). Foi precisamente a existência de critérios precisos para o exercício de poderes especiais e a sua proporcionalidade relativamente aos interesses a defender que levou o Tribunal a considerar compatível com o Tratado a *golden share* do governo belga na Distrigaz.

Ao dar razão à Comissão, condenando a França e Portugal e desprezando a argumentação em sentido contrário do Advogado Geral, o Tribunal – frequentemente acusado de pendor pretoriano – excedeu-se no seu ímpeto liberalizador. Mas talvez este excesso de zelo não constitua o melhor caminho para atingir esse objectivo. De certo modo, as decisões do Tribunal podem ter até um efeito contrário ao pretendido: em vez de incentivar a liberalização resultante da privatização das empresas públicas, elas podem levar os Estados a retardar essa decisão e a repensar as condições para a sua privatização, guardando, assim, um forte poder de intervenção em sectores estratégicos. Aplicado ao caso francês, como referiu "Le Monde", isso pode vir a comprometer a privatização da EDF.

A verdade é que, como defendeu o Advogado Geral, o Tratado da CE "em *nada* prejudica o regime de propriedade dos Estados-Membros" (art. 295.º). Esta disposição, de natureza transversal, refere-se à titularidade das empresas e não propriamente ao regime civil das relações patrimoniais. Ora a titularidade das empresas é um conceito económico amplo, que depende da possibilidade efectiva de exercer o controlo, mesmo sem deter a maioria do capital. Uma *golden share* que permita nomear a maioria dos membros do conselho de administração ou autorizar alterações na distribuição do capital social pode ter, na prática, um efeito idêntico ao da conservação pelo Estado da maioria das acções. Por isso mesmo, para efeitos de aplicação do direito comunitário da concorrência, a noção de "empresa pública" compreende precisamente todas as empresas controladas pelos poderes públicos, mesmo que não seja por via de uma maioria accionista.

O princípio da neutralidade do Tratado em relação ao regime de titularidade das empresas permite, portanto, aos Estados-Membros manter livremente um sector público de dimensão variável, embora sujeito às mesmas regras da concorrência que se aplicam às empresas privadas (com alguma tolerância para as empresas que estejam encarregadas de serviços de interesse económico geral, como, por exemplo, a distribuição de electricidade ou de água). Ou seja, a Comissão e o Tribunal não podem obrigar nenhum Estado a privatizar as suas empresas, no todo ou em parte, nem impedi-los de nacionalizar (recorde-se que as últimas nacionalizações em França ocorreram já na década de oitenta).

Assim, se os Estados preferirem manter (ou adquirir) o controlo de empresas pela via de uma participação no capital – na prática exercendo os mesmos poderes que lhe são permitidos pela *golden share* –, podem fazê-lo livremente. Mas se decidirem privatizar a maioria do capital, conservando apenas alguns poderes de intervenção sobre o rumo estratégico da empresa (por via de condicionamentos administrativos directos ou de acções privilegiadas), isso já não lhes é permitido, segundo a jurisprudência agora firmada. É caso para dizer que a Comissão e o Tribunal reclamam o menos (impedir o controlo público sobre as empresas privatizadas), embora lhes escape o mais (impedir a existência de empresas públicas). Ou, *a contrario*, que os Estados, podendo o mais (manter a propriedade pública), não podem porém o menos (manter poderes especiais de controlo sobre a composição do capital social).

14 de Junho de 2002

DE NOVO, O "MALTHUSIANISMO" NAS PROFISSÕES LIBERAIS?

Vital Moreira

Enquanto centenas de estudantes portugueses prestavam provas de acesso em universidades espanholas para concorrer a cursos de medicina no País vizinho – onde o seu número é crescente – o Ministro do Ensino Superior do novo Governo insistia em não autorizar mais cursos de medicina entre nós, nem nas universidades públicas nem nas privadas.

As razões invocadas pelo Governo são de duas ordens: por um lado, o parecer de uma comissão de especialistas sobre o ensino médico, que alegadamente desaconselharia a criação de novos cursos; por outro lado, a suposta existência de um número suficiente de médicos no nosso país. Contudo, nenhum destes argumentos é minimamente convincente.

No que respeita ao tal parecer negativo em relação às várias candidaturas de novos cursos de medicina em universidades privadas, os seus argumentos são impertinentes, na melhor das hipóteses, e absurdos, na pior. O que diz a referida comissão? Duas coisas, cada qual mais extraordinária. Primeiro, que os cursos propostos pelas universidades privadas não trazem inovação ao ensino da medicina entre nós; segundo, que a sua qualidade não se afigura ser superior à dos cursos de medicina das universidades públicas (únicos que existem no nosso país até agora).

Estes argumentos não procedem. O Estado não pode exigir às universidades privadas nem mais, nem coisa diferente, do que se exige às públicas. Por que é que os cursos de medicina das primeiras haveriam de ser de qualidade mais elevada ou mais inovatórios do que os das segundas? O mais que o Estado pode exigir é que todos os cursos de medicina, públicos ou privados, satisfaçam parâmetros mínimos obrigatórios previamente estabelecidos com carácter geral. O poder público tem o direito e o dever de estabelecer esses "standards", de verificar o seu cumprimento em concreto e de sancionar o seu incumprimento. Mas não pode definir arbitrariamente padrões mais exigentes para as universidades privadas do que para as públicas. Se tivesse feito o mesmo para os demais cursos, que não medicina, quantos cursos é que existiram nas universidades privadas? E porque é que medicina há-de ser diferente?

Compreende-se que o Governo recuse criar mais cursos de medicina nas universidades públicas. Duas novas faculdade de medicina foram criadas pelo anterior Governo (Universidades do Minho e Beira Interior), as quais acabam de iniciar a sua actividade. Ainda há espaço para alargamento das respectivas vagas. Os cursos de medicina são os mais caros do ensino superior. Dada a quase gratuitidade do ensino superior público, esses cursos pesam deveras no orçamento do Estado. No caso das universidades privadas nada disso se aplica, porém. O Estado não tem de as financiar. Os encargos adicionais com os apoios sociais aos respectivos estudantes seriam de montante negligenciável. Por isso, é indefensável a interdição dos cursos privados, desde que preenchidos os adequados requisitos de qualidade e sustentabilidade, que não podem ser obviamente superiores aos das universidades públicas.

A irracionalidade da posição governamental resulta sublinhada pela fuga dos interessados para a Espanha. Enquanto o Governo nega a autorização para novos cursos em Portugal está a enviar centenas de estudantes para universidades espanholas, públicas e privadas, cujos parâmetros de qualidade e de inovação o nosso Governo não controla, mas que seguramente não são superiores aos das nossas universidades. Desse modo o Governo nega às universidades privadas portuguesas a possibilidade de responderem a um mercado que vêm fugir para o exterior, impedindo assim o desenvolvimento de competências nacionais nessa área, bem como o estabelecimento de uma salutar concorrência entre as escolas públicas e as privadas. Com uma diferença adicional, que é a de que a expatriação fica naturalmente mais dispendiosa para os interessados, nomeadamente por causa das despesas de deslocação e estadia, pelo que quem pode recorrer à solução espanhola são as famílias mais abastadas. Mais uma vez quem tem dinheiro acaba por levar a melhor.

O segundo argumento do Governo – inexistência de carência de médicos – é ainda mais esdrúxulo. Primeiro, porque ele não corresponde à realidade; depois, porque, mesmo que assim fosse, numa economia de mercado não compete ao Governo dirigir a oferta nas profissões liberais. As estatísticas são enganadoras. A realidade mostra que não sobram médicos nem no serviço nacional de saúde (SNS) nem na clínica privada. Basta ler os dados publicados no "Expresso" da semana passada, para ver que nos serviços públicos só à custa de onerosíssimas soluções de trabalho extraordinário é que se dá resposta às necessidades. Fora das grandes cidades existem muitas vagas por preencher. E no que respeita à clínica privada é gritante a falta de médicos em muitas zonas do País.

A bitola para medir a adequação do número de médicos às necessidades do País não pode medir-se por médias estatísticas, mas sim pela capacidade da oferta para responder à procura. Ora não é preciso ser economista para ver que existe um claro défice na oferta. Há dois indicadores evidentes: por um lado, o crescente número de médicos espanhóis em actividade entre nós, sobretudo nos serviços públicos de saúde (mas não só), sem esquecer os dentistas brasileiros; por outro lado, as remunerações comparativamente muito elevadas que os médicos auferem em Portugal. Se houvesse médicos suficientes, por que é que estamos a importar cada vez mais do estrangeiro? E se a oferta não fosse escassa, por que é que a remuneração dos médicos é em Portugal muito superior à de Espanha (apesar do nível e do custo de vida mais elevados do outro lado da fronteira) e por que é que os honorários na clínica privada são, em termos absolutos, dos mais elevados da Europa!?

É puramente demagógico o argumento de que o problema não está no número de médicos mas sim na sua distribuição territorial. Primeiro, esse desequilíbrio territorial existe em todas as profissões, não constando que possa justificar idênticas restrições no acesso aos respectivos cursos de ensino superior. Segundo, e mais importante, numa economia não planificada o Governo tem limitados meios de influir na repartição territorial das actividades profissionais. Se ele não consegue proceder a uma adequada repartição territorial dos médicos no próprio SNS, como pode pretender fazê-lo na clínica privada? O único modo eficaz de diminuir a escassez de médicos nas zonas do interior, tanto nos serviços públicos como na clínica privada, consiste em fazer saturar a oferta nas zonas já hoje bem servidas, de modo a obrigar os profissionais excedentários a procurarem outras paragens onde a procura esteja por satisfazer.

Existe um argumento suplementar para "liberalizar" o acesso à profissão médica, que tem a ver com os novos projectos – que já vêm do Ministro Correia da Campos, no anterior Governo – de "empresarialização" das unidades hospitalares do SNS. É evidente que uma das vantagens da empresarialização tem a ver justamente com a adopção do regime comum do contrato de trabalho no recrutamento dos profissionais, em vez do regime da função pública, com a inerente flexibilidade remuneratória. Um dos efeitos a esperar do novo regime será justamente a moderação da pesadíssima factura remuneratória que sobrecarrega o SNS. Ora, como se pode pretender isso sem um verdadeiro mercado profissional (por efeito da escassez estrutural da oferta)? Nessas condições, o efeito será provavelmente o contrário, com as novas empresas públicas hospitalares a terem de concorrer pelo preço (pagando mais) pelos recursos escassos existentes.

Durante dezenas de anos, desde os anos 70 do século passado, as corporações médicas conseguiram do Estado uma criminosa política de malthusianismo no acesso aos cursos de medicina nas universidades públicas (únicos até agora existentes). O resultado foi uma escandalosa carência de profissionais e uma carestia que só serviu para favorecer os "happy few", à custa de insuportáveis encargos para o SNS e para os utentes. Esse restriccionismo oficial corporativamente motivado foi relativamente aliviado pelos Governos socialistas a partir de 1997, primeiro com a ampliação do "numerus clausus" dos cursos existentes e depois com a criação de duas novas faculdades, sempre com activa resistência dos interessados. Pelos vistos, com o novo Governo volta-se levianamente à política antiga.

Pode essa política recolher o aplauso da Ordem dos Médicos e dos demais grupos de interesse dos médicos, que eles aliás exteriorizam sem excessivo embaraço nem pudor. Mas, além de incongruente com a postura supostamente mais liberal do novo Governo nas questões económicas, esse regresso ao passado nas barreiras ao acesso à profissão médica, para além de não respeitar os direitos individuais no acesso às profissões, também não condiz com o interesse público, nem com o interesse geral.

28 de Junho de 2002

UMA MOEDA MAIS ÚNICA

Maria Manuel Leitão Marques

Talvez tenha recebido esta semana em sua casa uma carta do emissor do seu cartão de crédito (ou de débito) igual à que me chegou às mãos. Dizia mais ou menos isto: "A partir de 1 de Julho tem ainda mais vantagens em utilizar o seu cartão em qualquer país da zona Euro. Nas suas compras e nas operações de levantamento de dinheiro deixará de ter o encargo de 1,7% que está associado ao pagamento das transacções no estrangeiro. Este encargo será totalmente suportado pelo XX [o nome do emissor]. No estabelecimento de venda de combustível deixará de ter o encargo antes referido, passando apenas a pagar o mesmo que actualmente paga em Portugal (0,5 euros)".

Não se trata (em princípio) de publicidade enganosa, pelo menos quanto às transacções. É mesmo assim: a moeda única deixou de estar limitada apenas às notas e às moedas. Estendeu-se agora aos cartões de crédito e de débito, ou seja, à moeda electrónica, que cada vez mais utilizamos, por comodidade ou segurança.

Contudo, em nenhuma linha da referida carta se dizia de onde veio tal generosidade. Para quem não saiba, até parece que foi um presente do seu banco, uma maneira de tornar um pouco menos dispendiosas as suas compras no estrangeiro, particularmente quando se aproximam as férias.

Mas não é essa a verdadeira história desta mudança. Bem pelo contrário. Ela deve-se ao esforço da Comunidade Europeia, isto é, da Comissão (que propôs) e do Conselho e do Parlamento Europeu, que em Dezembro do ano passado aprovaram o Regulamento (CE) 2560/2001, relativo aos pagamentos transfronteiras em euros, estabelecendo a sua entrada em vigor para Julho deste ano.

Aí se obriga a que os encargos cobrados por uma instituição sobre as operações de pagamento electrónico transfonteiro em euros, até ao montante de 12.500 euros, sejam iguais aos encargos cobrados por essa mesma instituição nos pagamentos correspondentes em euros efectuados no Estado-Membro em que ela esteja estabelecida. As operações abrangidas são as transferências de fundos transfonteiros efectuadas através de um pagamento electrónico (ou seja, compras com cartão de crédito), com excepção das ordenadas e executadas pelas instituições; os levantamentos de numerário transfonteiros, através de um instrumento de pagamento electrónico (normalmente, um cartão de débito); e o carregamento (e a utilização) de um instrumento de dinheiro electrónico num distribuidor automático de numerário ou numa caixa automática existente nas instalações de um emissor ou de uma instituição (por exemplo, um estabelecimento comercial) obrigados contratualmente a aceitar este meio de pagamento.

Assim, e a título de exemplo, antes desta alteração, o custo médio de um levantamento de 100€ no estrangeiro era de 4€, ao passo que o custo da mesma operação dentro de cada país da zona euro em que está situada a conta era nulo ou insignificante. Agora, deixa de haver diferenças.

No próximo ano (1 de Julho de 2003), o mesmo princípio da igualdade de encargos será também aplicável às transferências bancárias expressas em euros.

Por ora ficam fora do âmbito da igualdade de tratamento apenas os cheques, considerando as dificuldades envolvidas no seu processamento.

É preciso ter em conta, no entanto, que as instituições financeiras não ficam impedidas de cobrar um valor pelos serviços prestados, mas apenas que esse valor tem de ser o mesmo para todas as transacções, sejam elas feitas em Portugal ou em qualquer país da zona euro. Esperemos, portanto, que não venha a ocorrer um aumento dos encargos nas operações internas (muito delas entre nós a custo zero), como forma de compensar as perdas decorrentes do Regulamento quanto às operações externas, frustrando os seus objectivos.

Mas admitindo que os efeitos desta mudança venham a ser os pretendidos, trata-se, indubitavelmente, de uma vitória das instituições de regulação europeias, considerando o peso das instituições financeiras em geral. Aliás, uma vitória tanto mais importante, quanto ela não poderia ser obtida ao nível nacional.

É certo que as nossas instituições financeiras (refiro-me agora apenas ao caso português) têm demonstrado uma notável e louvável capacidade de modernização, de que também beneficiam, directa ou indirectamente, os seus clientes. Devemos estar contentes por assim ter acontecido. Mas isso não nos deve tornar menos atentos a eventuais cartelizações ou outros abusos, particularmente em matéria de fixação de taxas e encargos, onde a propensão para essas práticas é bastante frequente; ou à falta de transparência no preço de certos serviços bancários.

Num detalhado estudo que antecedeu o referido Regulamento, mostrava-se não só a grande variedade territorial dos encargos cobrados na zona euro, mas também a opacidade com que era feita a sua cobrança, referindo-se que a maioria dos consumidores não recebiam informação suficiente (ou mesmo nenhuma) sobre o custo das transferências bancárias.

Por isso, o novo Regulamento obriga também à transparência dos encargos, podendo mesmo os Estados-Membros impor a obrigação de uma menção nos livros de cheques a advertir os consumidores sobre os custos inerentes à sua utilização transfronteiras.

Finalmente, o Regulamento prevê que a sua revisão em 2004 seja antecedida de um relatório sobre a evolução das infra-estruturas de sistemas de pagamento transfronteiras e sobre as melhorias introduzidas nos serviços prestados aos consumidores.

Eis uma providência que deveria ser obrigatória na maioria das intervenções legislativas, europeias ou nacionais. O seu efeito é duplamente positivo. Em primeiro lugar, as instituições financeiras sabem que o seu comportamento irá ser avaliado, e isso, em si mesmo, poderá ter um efeito dissuasor de uma espécie de "aplicação criativa da lei" (ou seja, deixar de cobrar de um lado para passar a cobrar do outro); segundo, deste modo, o legislador, neste caso o Conselho e o Parlamento Europeu, revela preocupação com os efeitos reais da medida relativamente aos objectivos traçados: o de incentivar os pagamentos transfonteiros e o de facilitar o funcionamento do mercado interno com benefícios para os consumidores.

Este tipo de avaliação das novas leis (*ex-ante* e *ex-post*) seria de resto especialmente importante num país como o nosso, onde elas raramente são antecedidas de estudos sobre os respectivos fundamentos, incluindo os económicos, e ainda com menos frequência são posteriormente avaliadas, para determinar se foram bem aplicadas e quais foram os seus impactos efectivos. Esperemos que o exemplo pegue!

12 de Julho de 2002

O NOVO CÓDIGO DO TRABALHO

Vital Moreira

O primeiro sector em que foi abandonado o dogma da "mão invisível" do mercado e da abstenção do Estado na vida económica e social foi seguramente o domínio das relações de trabalho. Inicialmente deixadas ao livre jogo da liberdade contratual ente as partes – não passava de um contrato entre outros previstos nos códigos civis liberais do século XIX –, não foi preciso muito tempo para mostrar que a suposta igualdade contratual do entidade patronal e do trabalhador não era senão uma ficção jurídica.

A história do direito do trabalho é a história da progressiva protecção jurídica dos trabalhadores na sua relação de subordinação face às entidades patronais. O século XX é, por assim dizer o "século do direito do trabalho", como parte inerente às concepções do "Estado social". É também por aí que se estabelece uma das grandes diferenças entre o capitalismo europeu – substancialmente marcado nesse aspecto pelas influências social-democratas e democratas-cristãs (sem esquecer o considerável peso dos partidos e sindicatos comunistas até ao fim ao século passado) – e o capitalismo americano, onde a visão liberal nas relações de trabalho se manteve intocada no essencial.

Do paradigma europeu do direito do trabalho fazem parte, entre outros, a limitação do horário e do tempo de trabalho, a protecção da higiene e segurança dos locais de trabalho, a garantia da segurança no emprego (nomeadamente a proibição de despedimentos sem justa causa), a restrição das formas precárias de emprego, a garantia de descanso semanal e de férias anuais pagas, o reconhecimento da actividade sindical e do direito à greve, o direito à contratação colectiva, as restrições à liberdade patronal de disposição da relação de trabalho, o subsídio de desemprego, o salário mínimo garantido, etc.

Entretanto, desde os anos 80 do século passado, o neoliberalismo económico iniciado na Europa pelos governos britânicos da primeira-ministra Margaret Thatcher também se repercutiu sobre a esfera das relações de trabalho, no sentido da desregulação, incluindo a liberdade de despedimento, a liberalização das formas precárias de trabalho e do tempo e horário de trabalho, bem como a discricionariedade patronal na fixação do conteúdo e do objecto da relação de emprego. A "flexibilização" das relações de trabalho implicou em geral um retrocesso considerável em relação ao paradigma europeu tradicional. Embora com atraso e menor intensidade, a mesma via veio a ser seguida noutros países europeus, sobretudo por acção de governos de direita.

Entre nós o direito do trabalho sofreu uma profunda revolução depois o 25 de Abril de 1974, através de uma série de leis avulsas, avultando as relativas aos direitos sindicais, ao direito à greve (com proibição do "lock-out" patronal), à proibição dos despedimentos sem justa causa, ao subsídio de desemprego e ao salário mínimo, à limitação do tempo de trabalho semanal, etc. A Constituição de 1976 deu expressão adequada a esta *revolução laboral*, garantindo os traços essenciais do novo figurino. Durante este quarto de século não houve grandes alterações no padrão estabelecido entre 1974-76. Algumas tentativas de liberalização dos despedimentos foram paradas pelo Tribunal Constitucional. A abertura aos contratos de trabalho a termo foi praticamente a única resposta encontrada para a "rigidez" legal da relação laboral.

O projecto de "código de trabalho" que o novo Governo apresentou tem dois objectivos bem distintos. Por um lado, trata-se de codificar sistematicamente o direito laboral, que se encontra disperso por numerosos diplomas, alguns dos anos 60 do século passado (ente os quais a própria lei do contrato individual de trabalho), por vezes de difícil harmonização. Por outro lado, trata-se de introduzir uma série de alterações substantivas no sentido da liberalização e flexibilização das relações de trabalho. O primeiro objectivo não pode ser senão aplaudido, bastando aproveitar o trabalho do grupo de técnicos elaborado ainda na vigência do anterior Governo socialista. O segundo objectivo é obviamente mais controverso.

A grande justificação invocada para as mudanças propostas aponta para a melhoria da produtividade e da competitividade da economia portuguesa. São preocupações justas. Temos a mais baixa taxa de produtividade da UE. Trabalhamos pouco e sobretudo trabalhamos mal. Mas seria ilusório e injusto transformar os trabalhadores e a legislação laboral em principais culpados da baixa produtividade da economia nacional. Esta tem a ver tanto ou mais com a organização e a gestão empresarial. Tão responsável é a legislação do trabalho como os défices de capacidade e formação de empresários e a gestores, sem mencionar outros traços negativos da nossa cultura económica, como a subsídio-dependência. Desagregar a legislação laboral e apontá-la como culpada única ou principal é tomar uma parte pelo todo, atacando a parte mais vulnerável, mas porventura a menos influente para o fim visado.

Por isso, as mudanças propostas devem ser apreciadas diferenciadamente, de acordo com o seu mérito próprio. Seria errado aplaudir ou condenar em globo. Há propostas inatacáveis, como, por exemplo, as que visam inverter as escandalosas taxas de absentismo (embora seja evidente a ausência de medidas para atacar o laxismo dos médicos que diariamente assinam milhares de atestados de doença fictícia); ou as que se destinam a dar lugar a alguma mobilidade funcional e territorial (desde que com garantias contra abusos e com adequada compensação dos trabalhadores afectados); ou as que permitem ao empresário premiar ou penalizar com mais ou menos dias de férias (dentro de pequena margem, bem entendido) os trabalhadores mais ou menos assíduos, respectivamente. Mas existem outras que são francamente censuráveis, como, entre outras, as que permitem a eternização dos contratos a prazo e especialmente as que visam ampliar a possibilidade de despedimentos aos casos de "inadaptação funcional", sobretudo quando se conjugar esta possibilidade com a mobilidade funcional (abrindo assim a possibilidade de mudar um trabalhador para funções diferentes e depois invocar a sua inadaptação para o despedir); ou ainda a possibilidade de não reintegrar um trabalhador ilegalmente despedido, a troco de uma indemnização.

O perigo aqui está obviamente nas posições extremistas. De um lado, um radicalismo patronal, que quer cavalgar a onda liberalizadora para desmontar todo o edifício da legislação laboral proteccionista; do outro lado, o imobilismo sindical, fazendo finca-pé no "status quo", mesmo naquilo que manifestamente só favorece interesses que não merecem protecção (como o absentismo ou uma excessiva rigidez funcional). Infelizmente, algumas das propostas governamentais, além de controversas sob o ponto de vista constitucional (as que têm a ver com a segurança no emprego e com a liberdade de greve) só podem ter um efeito contraproducente, na medida em que simultaneamente estimulam o extremismo patronal e suscitam a ira sindical, facultando a solidariedade política dos partidos identificados com posições laborais.

Uma reforma da legislação laboral é necessária. Por natureza será sempre polémica. Mas uma errada colocação do problema, tornando-a bode expiatório do défice de produtividade (sintomaticamente um representante patronal veio defender que a produtividade deve prevalecer sobre os direitos e interesses dos trabalhadores!...) e o desnecessário excesso de algumas das alterações propostas podem envenená-la irremediavelmente à partida. Vale a pena saber se é preferível fazer valer a golpes de maioria parlamentar uma reforma mais radical e afrontosa dos sindicatos, ou optar por uma reforma menos ousada mas menos conflitual. É de temer que o voluntarismo governamental e o seu zelo em exibir autoridade privilegiem a primeira via. Pode bem ser a pior opção.

26 de Julho de 2002

OVERBOOKING

Maria Manuel Leitão Marques

Na "silly season" – assim chamada porque os parlamentos, os governos, os reguladores e os tribunais vão a banhos e os jornais ficam sem assunto sério para tratar – de que deve ocupar-se a "mão visível"? Pensando nisso, ocorre-me que mesmo nesta época talvez a regulação nos possa fazer jeito.

Imagine que para iniciar as suas férias (ou apenas comemorar qualquer data especial) programou um fim-de-semana prolongado em Marrakech com o seu cônjuge. Convence mais dois amigos, reserva um bom hotel, escolhe adequadamente o avião e paga tudo com a devida antecedência. Nos dias antes de partir, não pensa em outra coisa e, como tantas vezes acontece, esforça-se a dobrar para deixar o trabalho atrasado em ordem. Mas tudo será compensado pelas deambulações na medina da cidade ocre, ladeada de palmares, onde o céu está sempre azul. Finalmente livre, parte para o aeroporto. Quando deixa o táxi já se sente em férias. Mas quando tenta fazer o *check-in*, justamente depois dos seus amigos, o chão foge-lhe debaixo dos pés e o tecto cai-lhe em cima da cabeça.

"*Overbooking*", sabe o que é? Pergunta a funcionária com uma naturalidade estonteante e o ar muito próprio do pessoal do aeroporto. Sei, mas não quero perceber. O que quero é ver-me dentro daquele avião já, nem que seja no lugar da hospedeira. Não é possível. O avião está cheio e vai partir. Então o desespero aumenta e a adrenalina desenvolvida para a viagem transfere-se para a revolta. A frase ouvida numa conferência de um ex-Ministro das Finanças vem de novo à memória: "não há mercado interno de qualidade sem consumidores exigentes"; e assalta-nos a convicção de que é excessiva a propensão à resignação dos portugueses (valores recolhidos há uns tempos num inquérito de opinião). Dois ingredientes que juntam uma função social à nossa indignação pessoal para a deixarem q.b.

Começamos a negociar. Vejam a alternativa que nos foi primeiro oferecida: para um fim-de-semana que devia começar na sexta-feira e acabar na terça de manhã, propõem-nos partir num voo de segunda-feira via Paris! Parecia que estavam a brincar, mas não era o caso. Demorou quase uma hora, mas conseguimos partir no voo da manhã seguinte, dormir num hotel de jeito em Lisboa e receber uma reduzida indemnização, em forma de crédito para uma outra viagem. Menos mau, mas nada que compensasse o incómodo e a nossa enorme decepção.

Esta pequena história das arábias não acontece só aos outros. Pode acontecer-lhe a si. Segundo a Comissão Europeia, só em 1999, 250.000 passageiros foram vítimas de *overbooking* em voos regulares contratados às principais transportadoras aéreas comunitárias. E não foi por causa de um qualquer engano ou de uma fatalidade não prevista que isso lhes aconteceu, mas sim em virtude de uma estratégia comercial das companhias aéreas rigorosamente programada.

Há dez anos que o problema preocupa as autoridades europeias, a quem se devem, em 1991, os direitos à compensação de que hoje usufruímos: devolução do valor do bilhete ou substituição por outro voo e uma indemnização que vai de 75 a 300 euros (Regulamento CEE n.° 295/91).

Mas se acha (como eu) que a compensação prevista fica muito aquém do prejuízo, espere pela *rentrée* do Parlamento Europeu e do Conselho, que ela talvez lhe traga muito boas notícias. Está agendada para o início de Outubro a discussão de uma proposta da Comissão (Com (2001) 784, final) que estabelece novas regras comuns para a indemnização e a assistência aos passageiros dos transportes aéreos em caso de recusa de embarque e de cancelamento ou atraso considerável dos voos.

A nova proposta reconhece que as regras fixadas em 1991 não foram suficientes para dissuadir as companhias aéreas do abuso de sobre-reservas, com o que procuram atingir índices de ocupação excessivamente elevados. Embora admita que a total proibição da prática de *overbooking* poderia ser desaconselhável, na medida em que a perspectiva de lugares vazios conduziria a um aumento dos preços dos bilhetes, a Comissão entende que é preciso modificar o regime e aumentar as penalizações, pretendendo com isso obter um efeito preventivo e retributivo. O novo Regulamento aplicar-se-á a todos os voos, incluindo as viagens organizadas de férias, e não só aos regulares, abrangendo os passageiros com contrato com uma transportadora ou uma agência de viagens comunitária, quer partam de um aeroporto de um Estado-Membro, quer a ele se destinem.

No caso de *overbooking*, propõe-se, em primeiro lugar, o sistema americano de apelo obrigatório a voluntários: passageiros que livremente se disponham a dispensar o seu lugar em troca de uma compensação negociada.

Depois, para os passageiros que não possam embarcar pretende-se fixar a indemnização a um nível suficientemente alto, de modo que os operadores percam receitas, em vez de as auferirem, com este tipo de prática. Com base nas tarifas médias actualmente praticadas, propõe-se uma taxa fixa de indemnização equivalente ao dobro dos preços da maioria dos bilhetes de classe executiva, ou seja, variável entre 750 e 1500 euros, de acordo com a distância do voo. Trata-se de valores mínimos, que não prejudicam um pedido de indemnização suplementar, nos tribunais competentes.

A indemnização não prejudica o direito de partir num outro voo (mesmo que possa ser reduzida em 50% se o reencaminhamento ocorrer num prazo muito curto), nem a garantia de assistência em terra (hotel, refeições, etc.) durante o período de espera por um novo voo.

Para evitar a resignação (voluntária ou por ignorância), a proposta de Regulamento obriga as companhias aéreas a informar imediatamente os passageiros de todos os seus direitos e a fixar de forma claramente visível na zona de registo o seguinte texto: "*Caso lhe tenha sido recusado o embarque, ou o seu voo tenha sido cancelado ou esteja atrasado pelo menos duas horas, peça neste balcão ou na porta de embarque o texto que descreve os seus direitos em matéria de indemnização e assistência".*

Por último, mas não menos importante, a Comissão preocupa-se com a execução do Regulamento. Sabendo que actualmente muitas das indemnizações, mesmo reduzidas, não são pagas, obrigam-se os Estados-Membros a designar autoridades responsáveis pela execução do regulamento e a fixar sanções eficazes para os operadores que o violem.

Assim, se tudo correr bem nas duas instituições europeias a quem compete aprovar esta proposta, para o ano diminuirá não só o risco de não partirmos, mas também o prejuízo por ficarmos. Esteja atento!

9 de Agosto de 2002

UM MARCO REGULATÓRIO: A LEI SARBANES-OXLEY

Vital Moreira

Há poucos dias a maioria das empresas norte-americanas cotadas na bolsa apresentaram as suas contas periódicas sob responsabilidade pessoal dos seus CEO *(chief executive officer)* e CFO *(chief financial officer)*. A verificação de alguma manipulação ou fraude contabilística implica severas sanções pessoais, inclusive a perda de bónus ou prémios de administração recebidas nesse período ou penas de prisão até 20 anos!

Trata-se do primeiro efeito da nova lei de reforma da gestão das empresas, a lei Sarbanes-Oxley, aprovada pelo Congresso dos Estados Unidos no final de Julho, na sequência dos escândalos financeiros em grandes empresas (Enron, Worldcom, etc.) que abalaram os meios de negócios norte-americanos e lançaram o pânico nos mercados de acções.

A referida lei constitui talvez a mais extensa iniciativa regulatória da governação das empresas *(corporate government)* desde a reforma do mercado de valores mobiliários nos anos 30 do século passado (o *Securities Act* de 1933 e o *Securities Exchange Act* de 1934), na presidência de Roosevelt, em resposta à crise financeira de 1929, porventura a maior crise de sempre do capitalismo. O âmbito da lei é vasto. Embora o seu alvo primordial seja a reforma da prestação de contas e da auditoria das empresas, as suas normas não são dirigidas somente às firmas de auditoria e à administração das restantes empresas, mas também aos demais intervenientes no mercado dos valores mobiliários, como as próprias bolsas, os corretores, as empresas de rating, e inclusive os analistas do mercado e os advogados e procuradores das empresas junto da entidade reguladora do mercado de acções.

Uma das suas principais inovações é a criação de um *"Public Company Accounting Oversight Board"*, um organismo de supervisão das empresas de auditoria contabilística e financeira. Trata-se de uma comissão composta por cinco personalidades independentes ("pessoas proeminentes de integridade e reputação com provas de dedicação aos interesses dos investidores e do público", como diz a lei), em dedicação exclusiva a esse cargo, nomeadas para um mandato de cinco anos pela *Securities and Exchange Commission (SEC)*, a comissão norte-americana de mercado de valores mobiliários, sob cuja supervisão ficará o novo órgão, nomeadamente para efeitos de aprovação das normas por ela estabelecidas.

Todas as entidades de auditoria terão de se registar nesse organismo, como condição de exercício da actividade de auditoria ou revisão de contas. O registo inclui, entre outras coisas, a lista do seu pessoal qualificado, as suas regras internas de controlo de qualidade, a identificação das empresas a quem tenham ou contem prestar serviços, bem como as remunerações recebidas. Todas as firmas ficam subordinadas aos poderes de regulação e supervisão do *Board*, sendo obrigadas nomeadamente a apresentar-lhe um relatório anual sobre as suas actividades, inclusive para efeitos de actualização das informações constantes do registo. Esses poderes são vastos, desde a aprovação de "accounting standards" e códigos de conduta, passando pela inspecção das suas actividades, até à aplicação de sanções disciplinares, as quais podem incluir a suspensão ou cancelamento do registo da firma (com a consequente suspensão ou cessação de actividade) ou individualmente dos seus colaboradores.

Uma das preocupações centrais da referida lei é a garantia da independência da auditoria das contas das empresas. Para esse fim cria-se a obrigação de existência em cada empresa de uma comissão de auditoria ("audit committte"), composta por pessoas independentes da empresa, com poderes para supervisionar a empresa de contabilidade contratada pela empresa e para contratar consultores independentes, bem como o estabelecimento de incompatibilidades várias das firmas de auditoria, de modo a impedir conflitos de interesses, incluindo a proibição de prestação de serviços de consultadoria ou assessoria, ou outros, em acumulação com os serviços de auditoria, bem como a obrigação de rotação periódica dos auditores de cada empresa, para evitar a criação de "vested interests".

Outra das finalidades da reforma consiste no aumento da transparência da situação financeira das empresas e de todos os procedimentos de auditoria. Isso passa nomeadamente pelo acréscimo das obrigações de disponibilização pública de informações relevantes *(disclosure)*, incluindo as alterações da composição accionista, pela publicação de novos relatórios periódicos das empresas, pela regulação das regalias dos administradores (essencialmente as *stock options*), pelo reforço da informação pública sobre operações com acções das empresas por parte dos administradores e dos accionistas principais, pela publicação dos relatórios das firmas de auditoria apresentados ao "Board" dos relatórios de inspecção deste sobre as firmas de auditoria e das sanções aplicadas pelo mesmo "Board" às firmas de auditoria, etc.

Uma das medidas de maior impacto da nova lei está seguramente na definição da responsabilidade das próprias empresas pelas suas contas *(corporate responsabilitiy)*. As empresas passarão a ter um "audit committee" encarregado de assegurar o rigor dos procedimentos e dos relatórios contabilísticos. Mais importante ainda, estabelece-se a responsabilidade directa da administração pelos relatórios financeiros, com responsabilidade criminal pessoal dos dois administradores implicados, ou seja, o presidente da comissão executiva e o administrador encarregado do pelouro financeiro da empresa *(chief financial officer)*. Além disso, os administradores passam a estar sujeitos a uma série de limitações, deixando de beneficiar de vantagens e regalias até agora correntes (empréstimos das empresas, transacções de acções em períodos de "black-out", etc.).

É de observar que esta nova iniciativa regulatória se mantém dentro dos parâmetros tradicionais da filosofia regulatória norte-americana, baseada nos princípios da regulação por autoridade reguladora independente, em vez de recorrer a formas de regulação governamental directa ou de auto-regulação profissional-corporativa. Na verdade, a regulamentação da lei e a sua implementação ficam a cargo quer da *Securitites and Exchange Commission*, a autoridade reguladora independente do mercado de valores mobiliários, cujos meios e poderes são correspondentemente reforçados – nomeadamente um extenso poder regulamentar autónomo para "emitir todos os regulamentos necessários ou adequados para implementar a lei, na prossecução do interesse público ou para protecção dos investidores" – e do novo organismo especificamente criado para regular e supervisionar as entidades de contabilidade e auditoria, o referido *"Public Company Accounting Oversight Board"*.

Seja como for, esta notável reforma legislativa é um verdadeiro marco na regulação económica nos Estados Unidos (um "landmark", tal como a qualificou a SEC norte-americana) e constitui evidentemente mais uma prova – se ela fosse necessária – de que a economia de mercado não pode bastar-se com o funcionamento espontâneo do mercado. A economia de mercado é um produto jurídico-institucional. A regulação é essencial ao seu funcionamento apropriado. A "mão invisível do mercado" carece da mão visível da regulação pública. Nada melhor do que uma crise para tornar isso evidente. Mesmo os governos apostados em campanhas de desregulação e de diminuição da intervenção do Estado no mercado – como é o caso da Administração Bush – acabam por se render à força dos factos. E regulação quer dizer naturalmente mais normas, instâncias de regulação, instrumentos de supervisão e implementação, medidas sancionatórias contra as infracções. Tudo isto abunda no *Sarbanes-Oxley Act 2002*.

26 de Agosto de 2002

O "FUTURO DAS IDEIAS"

MARIA MANUEL LEITÃO MARQUES

"*A liberdade que irá ser colocada em causa será a liberdade de criação e de inovação que marcou os primeiros tempos da Internet. Foi esta liberdade que dinamizou a maior revolução tecnológica do mundo ocidental desde a Revolução Industrial, e que está a perder-se*". É esta a tese principal defendida no estimulante livro de Lawrence Lessig, professor de direito em Harvard (*The Future of Ideas – The Fate of the Commons in a Connected World*. New York: Random House, 2001). É um livro inovador nas suas propostas, rigoroso e acutilante nas suas críticas e sobretudo militante na defesa dos bens comuns, mesmo que céptico sobre a nossa capacidade de impedir o seu controlo pelo mercado e pelo Estado.

Lessig lembra a propósito que a queda dos países do Bloco de Leste nos ensinou que a inovação controlada pelo Estado falha. Por outro lado, a inovação controlada pelo mercado irá impossibilitar o surgimento de novas formas de criatividade, só sobrevivendo aquelas que forem rentáveis. É natural que assim aconteça e que as empresas procurem melhores resultados para a defesa dos seus accionistas. Elas não são instituições públicas e por isso não devemos admitir que tudo o que defendem seja considerado do interesse público. "O que é bom para a AOL não é sempre bom para a Internet". (A própria AOL, que era inicialmente a favor de que as linhas de banda larga permanecessem abertas, mudou radicalmente de posição quando se fundiu com a Time Warner, que controlava muitas empresas de cabo!).

Com propostas muito concretas e exemplos bem expressivos, o livro demonstra as vantagens de manter como bens comuns algumas das camadas que constituem a Internet, para que esta se conserve como um sistema descentralizado, mais livre do que controlado.

Bens comuns são recursos tidos em comum, como as estradas, o ar que respiramos, a teoria da relatividade ou os livros colocados no domínio público. São bens susceptíveis de serem usufruídos de modo semelhante por várias pessoas sem ser necessária a autorização de qualquer entidade pública ou privada.

Alguns dos bens comuns (como a teoria da relatividade) não têm rivais, na medida em que o seu uso não impede outros de os utilizarem nem implica o seu desgaste, enquanto o uso excessivo de outros bens (como as estradas) pode causar problemas, exigindo regulação.

A questão da maior ou menor liberdade no uso de bens comuns pode ser analisada a propósito das várias camadas (*layers*) que constituem a Internet e a tornam possível. A camada física, através da qual as comunicações correm (computadores, ou os cabos que ligam os computadores à Internet). A camada lógica, também designada por código – o código que faz o *hardware* trabalhar, os protocolos que definem a Internet e o *software* que permite fazer funcionar esses protocolos. E a camada de conteúdos, ou seja, tudo aquilo que é dito ou transmitido através da Internet (as imagens digitais, os textos, as músicas, etc.).

Cada uma destas camadas poderá ser controlada ou poderá ser livre. Cada uma pode ser objecto de um direito de propriedade, ou ser considerada um bem comum.

Lessig dá-nos dois exemplos: no Speakers Corner (Hyde Park, Londres) a camada física é um bem comum (o parque); a camada de código também é comum (a linguagem); e a camada do conteúdo é igualmente comum (o que as pessoas quiserem dizer não é apropriável por alguém). Pelo contrário na TV por cabo a camada física é controlada, a camada de código é controlada (só o operador de TV tem o código que nos permite aceder a ela) e a camada de conteúdo também é controlada.

O que torna a Internet tão especial é exactamente o modo como se verifica uma mistura de liberdade e de controlo em cada uma das camadas. A camada física da Internet é, essencialmente, controlada: os computadores e os cabos são propriedade de alguém. Grande parte dos conteúdos começou por ser livre, mas esta situação tem vindo a ser alterada, estando hoje esta camada em grande parte a ser protegida por direitos de propriedade. Quanto à camada de código, ela chegou a ser livre. Ao escolherem a tecnologia end-to-end (e2e) para a rede os criadores da Web puseram-na fora de controlo. Optaram por uma rede aberta, por uma plataforma neutra, uma rede estúpida em que a inteligência está nas suas pontas o que não lhe permite discriminar entre as aplicações e conteúdos que nela correm. Mas não é de confiar que a rede assim permaneça.

Servindo-se de vários exemplos – desde a opção pelo acesso fechado ao cabo, ao reforço dos direitos de autor e das patentes, passando pela partilha completa do espectro em sistema de leilões – Lessig mostra, contudo, que este controlo progressivo sobre os bens comuns nas camadas da Internet não obedece a qualquer necessidade económica ou técnica, não é necessário para incentivar a inovação, nem sequer se fundamenta em qualquer falha no sistema de bens comuns. Tem a ver com *lobbies* e interesses muito particulares, com o facto de as novas ideias serem uma ameaça para aqueles que dependem dos modos antigos de conduzir um determinado negócio.

De facto, o que tem estado verdadeiramente em causa é a luta entre o *velho* e o *novo*. "Um ambiente pensado para possibilitar o novo está a ser transformado para proteger o velho". Defender o interesse comum depende da manutenção do ambiente de criatividade que a Internet permitiu, contrariando a ideia de que o progresso só pode assentar em fortes e poderosos direitos de propriedade.

No momento em que por razões de segurança se discutem na Europa as formas de controlo sobre as mensagens e em que os jornais que nos habituámos a consultar gratuitamente (tornando a nossa informação diária muito mais rica, alargada e plural) anunciam edições electrónicas de acesso pago, é importante aprofundar o debate, tão ausente das preocupações políticas nacionais, sobre o controlo da Internet nas suas diferentes camadas, sobre a regulação necessária para garantir a liberdade e encontrar os equilíbrios que melhor protegem o interesse comum. Como refere Lessig, "a não ser que aprendamos alguma coisa sobre as fontes da actual criatividade e inovação e a partir daí as protejamos, a Internet será modificada" num sentido menos favorável à liberdade de que temos usufruído.

Aliás, o que provavelmente estaremos a discutir nesse debate será qualquer coisa de tão importante como o "futuro das ideias". E esse futuro tem afinal tanto a ver com o desenvolvimento, com a democracia e o bem-estar da humanidade, com a preservação do ambiente ou o combate à pobreza que recentemente ocuparam a nossa atenção a propósito da cimeira de Joanesburgo.

6 de Setembro de 2002

AS ENTIDADES DE REGULAÇÃO SECTORIAL

Vital Moreira

A maior parte das actuais entidades reguladoras com jurisdição sectorial (ERSE, Anacom, etc.) foram criadas com o explícito fim de promover e ordenar a liberalização e a concorrência nos antigos sectores caracterizados por monopólios públicos. Como recordou o Professor António Nogueira Leite num recente colóquio sobre a regulação e a concorrência depois da liberalização das telecomunicações, muitos acreditaram que a regulação sectorial e a existência de autoridades reguladoras específicas eram fenómenos transitórios, que naturalmente haveriam de se extinguir quando esses sectores tivessem passado a reger-se pelas regras comuns da economia de mercado, ficando então submetidas somente à jurisdição geral das autoridades de defesa da concorrência.

O prognóstico não se realizou nem está perto de o ser, sendo hoje evidente que as autoridades sectoriais de regulação não estão a prazo. A ideia de uma futura desnecessidade das mesmas assentava tanto num errado juízo sobre o ritmo da introdução da concorrência nesses sectores como numa imperdoável desconsideração das especificidades regulatórias que eles requerem.

Com efeito, a abertura desses sectores à concorrência não foi tão célere como alguns desejaram ou antecipam. Em várias áreas, por efeito de subsistência do antigo modelo de serviço público, mantêm-se situações de exclusivo a cargo dos mesmos operadores, como sucede na distribuição da electricidade em baixa tensão, em todo o sector do gás natural, nas águas, etc. E além disso, mesmo nos sectores legalmente liberalizados, como as telecomunicações, não basta a possibilidade de entrada de novos operadores, onde antes havia somente um, para criar de súbito um mercado concorrencial. O monopólio de facto dos operadores históricos só muito ligeiramente foi abalado pela entrada dos novos operadores. Por isso, está longe de esgotada a missão de "construção do mercado" (*market building*), de que estão incumbidos os reguladores sectoriais.

Em segundo lugar, muitos dos sectores em vias de liberalização são indústrias de rede, onde existem situações de monopólio natural, que por definição excluem as regras da concorrência, como sucede com as infra-estruturas de transporte e distribuição de electricidade, de fornecimento de água, de recolha e transporte de esgotos, de transporte ferroviário, os aeroportos, etc. Mesmo no sector das telecomunicações, onde se mostrou viável a concorrência nas redes, sempre restou a importância vital do "lacete local" como factor de constrição à introdução da concorrência em toda a fileira desse sector. Por isso uma das tarefas essenciais dos reguladores sectoriais sempre consistiu em assegurar a gestão independente das redes, de modo a garantir um acesso equitativo dos vários operadores às redes, tanto no que respeita às condições de acesso, quanto a tarifas, impedindo que os operadores históricos, que em muitos casos mantiveram a gestão das redes, tirassem partido dessa situação para favorecer os seus próprios interesses na concorrência com os novos operadores. Ora, nesta sua segunda missão, nada torna previsível o esgotamento das tarefas das entidades reguladoras sectoriais. Na maior parte dos casos está fora de causa a concorrência nas redes.

Em terceiro lugar, quase todos os sectores com entidades reguladoras específicas fazem parte do conjunto dos antigos serviços públicos, no sentido tradicional, na medida em que envolvem uma obrigação do Estado de garantia de prestação de certos serviços essenciais à generalidade das pessoas. O "modelo social europeu" é justamente caracterizado entre outras coisas por essa mesma ideia de que certos bens e serviços (água, energia, transportes colectivos, telecomunicações, etc.) não devem depender somente da volubilidade do mercado e da capacidade aquisitiva de cada cidadão. Foi essa noção de serviços públicos que justificou historicamente a sua prestação directa pelo poder público (o Estado ou os municípios), normalmente em regime de exclusivo público (ou mediante concessão pública exclusiva a uma empresa privada) e fora do mercado. A liberalização desses sectores e o abandono do regime do exclusivo público não poderia logicamente significar o abandono da lógica do serviço público, no que respeita aos objectivos substanciais deste, nomeadamente a garantia de existência e continuidade desses mesmos serviços, a garantia de universalidade e igualdade de acesso a eles, a existência de "tarifas sociais" para os mais carenciados.

A mesma União Europeia que a partir do início dos anos 90 do século transacto determinou a liberalização das antigos serviços públicos organizados em regime de monopólio público (sucessivamente os transportes aéreos, a televisão e a rádio, as telecomunicações, a electricidade e o gás natural, os serviços postais, os transportes ferroviários e demais transportes terrestres, etc.) sempre admitiu a subsistência de "obrigações de serviço público" ou de "obrigações de serviço universal", como características essenciais à noção de actividades prestadores de "serviços de interesse geral", que o Tratado de Maastricht, de 1992, reforçou e que a recente Carta de Direitos Fundamentais da União Europeia, de 2000, elevou a direito fundamental dos cidadãos europeus. Ora uma das tarefas das entidades de regulação sectorial não pode deixar de consistir justamente na garantia da observância das "obrigações de serviço público" legalmente estabelecidas. E isso só por si bastaria para afastar a suposta transitoriedade das mesmas entidades, assumindo que o conceito de actividades de interesse económico geral não vai ser sacrificado na evolução da União Europeia.

A verdade é que a existência de entidades de regulação sectorial é historicamente independente do surto da liberalização da economia e de desintervenção do Estado das últimas décadas. Basta pensar que nos Estados Unidos, onde a lógica do mercado nunca sofreu as restrições que teve na Europa, existem entidades reguladoras sectoriais há mais de um século, sempre que os fenómenos de monopólio natural ou especiais exigências de defesa dos utentes ou consumidores não se bastam com o funcionamento das autoridades da concorrência e da defesa dos consumidores. De outro modo, como justificar a subsistência de comissões reguladoras independentes, como a *Securities and Exchange Commission* (SEC) e da *Federal Communications Commission* (FCC), que estabeleceram o padrão das entidades reguladoras independentes europeias, muitas décadas depois? E entre nós, como justificar a existência de entidades do mesmo tipo, em áreas altamente concorrenciais como a banca, o mercado de valores mobiliários e os seguros, se não com o facto de que elas servem outras funções para além de promover a construção do mercado em sectores anteriormente sujeitos a regime de monopólio público?

A conclusão a tirar é evidentemente a de que as entidades de regulação sectorial vieram para ficar, sem prazo de vigência, sem estarem sujeitas a cláusulas de esgotamento ou de caducidade, expressas ou implícitas, e sem poderem ser "consumidas" pelas entidades gerais de defesa da concorrência (e mesmo que a jurisdição destas abarque esses sectores). Erraram os que anteciparam precipitadamente a sua extinção logo que liberalizados esses sectores e continuam a errar aqueles que, invocando exemplos de outras paragens e culturas regulatórias (como a "light regulation" da Nova Zelândia), persistem em defender a sua dispensabilidade. Na Europa, tanto quanto é possível prever, as comissões reguladoras sectoriais não constituem um fenómeno transitório, antes vão continuar a ser parte integrante do "Estado regulatório" pós-intervencionista.

20 de Setembro de 2002

UMA NOVA AUTORIDADE PARA A CONCORRÊNCIA

Maria Manuel Leitão Marques

O Governo acaba de anunciar a criação de uma nova autoridade para a concorrência, com a natureza de "entidade administrativa independente", a qual implicará a extinção do actual Conselho da Concorrência e acumulará as competências deste e da Direcção-Geral do Comércio e Concorrência.

Mesmo sendo desconhecidos os pormenores do diploma que cria a nova entidade, trata-se indubitavelmente de uma boa iniciativa, que há muito se impunha, aliás desencadeada ainda no período final do Governo anterior. O novo organismo virá seguramente reforçar a capacidade de acção, por um lado, e a independência da decisão, por outro, neste domínio específico da regulação económica. Espera-se, assim, que a nova autoridade venha a contribuir para tornar mais efectivo o direito da concorrência, ajudando também, mesmo que indirectamente, a reforçar um ambiente pró-concorrencial (uma cultura de concorrência) nas práticas dos agentes económicos.

Na verdade, o caminho de aprendizagem da concorrência em Portugal tem sido duro e bastante longo. Só em 1983, quase dez anos depois da revolução democrática, e já na perspectiva de adesão à CEE, foi aprovada a primeira lei da concorrência, feita à imagem e semelhança do direito comunitário. Esta lei foi completada em 1988, com o regime das concentrações, e alterada em 1993. Mas mais difícil do que fazer a lei tem sido implementá-la e modificar a própria cultura dos agentes económicos, habituados a um ambiente de proteccionismo estadual (a um "nanny state") e de conformismo da opinião pública perante situações de restrição da concorrência.

Para além de constituir um impulso à política da concorrência, a importância da reforma actual prende-se também com a mudança prevista no Regulamento n.º 17, o conhecido regulamento que há 40 anos organizou o sistema comunitário de defesa da concorrência. Prevê-se para breve uma descentralização para as autoridades nacionais da concorrência, constituídas em rede, de poderes até agora exercidos exclusivamente pela Comissão Europeia, como a permissão de alguns acordos entre empresas restritivos da concorrência, ao abrigo do n.º 3 do art. 81.º do Tratado CE. Convinha por isso que Portugal reforçasse o seu sistema de defesa da concorrência e o aproximasse da maioria dos sistemas em vigor nos restantes países da UE.

Mas a nova autoridade da concorrência não vai ter uma a tarefa fácil.

Em primeiro lugar, será preciso que ela seja efectivamente dotada dos recursos técnicos e financeiros necessários para poder abordar devidamente os complexos problemas que se colocam no âmbito da investigação de potenciais violações da lei da concorrência (delimitação do mercado relevante, aplicação da regra do balanço económico, apuramento de uma posição dominante, apreciação dos potenciais efeitos de uma concentração, etc.). Em tempo de "vacas magras" nas finanças públicas é de temer que assim possa não acontecer, mesmo que ela tenha consideráveis receitas próprias, resultantes de taxas e coimas. Além disso, se a Autoridade vier a ser composta apenas por três membros (uma das hipóteses previstas, sendo a outra de cinco membros), será reduzida a possibilidade de reunir diferentes sensibilidades e competências (nomeadamente direito e economia da concorrência), como é aconselhável em autoridades desta natureza, com funções não especializadas e portanto bem mais amplas do que as de muitos dos reguladores sectoriais.

Em segundo lugar, é necessário que a sua independência seja mesmo assegurada. O alargamento das competências da nova entidade foi bastante ambicioso, particularmente em dois aspectos que importa sublinhar, ambos a requererem uma forte independência e autoridade do novo organismo.

Desde logo, é de mencionar a atribuição de poderes para

instruir e decidir os processos de concentração. Mesmo que à cautela se tenha mantido a possibilidade de recurso extraordinário para o Governo (seguindo a solução alemã), este foi um avanço importante para a desgovernamentalização das decisões sobre concentrações. A solução pode ser controversa. Com uma economia ainda por reajustar em vários sectores, os riscos de uma "invasão económica" espanhola e a relativa diminuição do espaço de manobra da intervenção pública nas empresas (nomeadamente tendo em conta as recentes decisões do Tribunal de Justiça da Comunidade Europeia sobre as "golden shares" do Estado), poderia legitimamente defender-se a manutenção, por enquanto, do sistema até agora vigente em matéria de concentrações.

É certo que neste momento se está a ir mais longe noutros países, nomeadamente no Reino Unido, onde a "Competition Commission" passará a decidir definitivamente sobre concentrações, apenas com recurso judicial. Além disso, as suas decisões nesta matéria devem ter em conta somente a diminuição da concorrência e o bem-estar dos consumidores, numa clara aproximação ao direito "anti-trust" americano, deixando de considerar o chamado "interesse público" (compreendendo este questões como o reforço da competitividade das empresas nacionais, os impactos ambientais ou as consequências no emprego). Mas parece evidente que este caminho não pode ser seguido no contexto económico português, tão diferente do britânico.

O segundo aspecto a sublinhar tem a ver com o lógico alargamento das competências da nova Autoridade a todas as actividades económicas, mesmo aquelas em que existe regulação sectorial, incluindo o sistema financeiro. Neste caso, até agora apenas as práticas restritivas (coligações e abusos de posição dominante) poderiam ser investigadas pela DGCC. As concentrações neste domínio estavam explicitamente excluídas do controlo transversal da concorrência. O desejável fim desta situação excepcional aumenta seguramente a coerência do sistema, mas vai obrigar a nova autoridade a articular-se com os poderosos reguladores do sistema financeiro, particularmente com o Banco de Portugal. É certo que essa mesma articulação também terá de ser feita com outras autoridades de regulação sectorial, das telecomunicações à energia (o modo como tal vai acontecer foi infelizmente deixado para diploma posterior), mas aí não há uma tradição tão forte que precise de ser contrariada.

Por tudo isto é importante que a nova autoridade nasça com a legitimidade adequada ao exercício das suas amplas atribuições e vastos poderes. Mesmo não sendo esta lei, em princípio, matéria de competência reservada da Assembleia da República, a sua aprovação parlamentar seria uma mais-valia (tanto mais que nem sequer existir uma lei-quadro das entidades administrativas independentes). E a composição do novo organismo, a escolher exclusivamente pelo Governo, será o primeiro grande teste do novo sistema de defesa da concorrência que agora se pretende inaugurar, sobretudo quanto à sua independência, tanto face ao Governo, como face aos interesses económicos.

4 de Outubro de 2002

A TENTAÇÃO DA "PRIVATE FINANCE INICIATIVE (PFI)"

Vital Moreira

Na recente conferência anual do Partido Trabalhista Britânico, os delegados impuseram ao Governo uma reavaliação da "Private Finance Iniciative" (PFI), o conceito que tem presidido na Grã-Bretanha e noutros países ao envolvimento do capital e da iniciativa privada na construção e gestão de infra-estruturas e equipamentos públicos, não somente nas áreas das obras e serviços públicos tradicionais (transportes, etc.), mas também nas áreas da educação e da saúde.

Vista à luz do Direito Administrativo europeu continental, a PFI não passa de uma modalidade da clássica concessão de obras ou de serviços públicos. Esta não serve somente para entregar à exploração privada obras ou serviços públicos previamente existentes, criados por iniciativa pública, mas também – dir-se-á mesmo sobretudo – para fazer obras ou criar serviços públicos novos, incumbindo à iniciativa privada a sua construção e exploração durante o período acordado, com transferência dos mesmos para o Estado no fim do período da concessão. Tal como em muitos outros países, também em Portugal muitas infra-estruturas públicas (transportes ferroviários, serviços de electricidade e de gás, entre outras) foram feitas desta maneira desde o século XIX.

Existe porém uma novidade substancial na figura da PFI. É que o mecanismo clássico de concessão tinha a ver somente com obras ou serviços públicos onerosos (ou seja, pagos pelos utentes mediante taxas ou tarifas de utilização), sendo o investimento do concessionário amortizado e remunerado pelos rendimentos da sua exploração. Mediante a concessão o poder público dispensava-se de qualquer envolvimento financeiro, recebendo no final da concessão a obra ou serviço em funcionamento, livre de encargos (em princípio). O mecanismo da concessão não era por isso aplicável às obras e serviços públicos gratuitos (ou quase gratuitos) para os utentes, como hospitais ou escolas.

O que há de novo na PFI é justamente a utilização da iniciativa privada para a construção e gestão concessionada de serviços públicos *não onerosos* (ou seja, não pagos pelos utentes), tradicionalmente montados e geridos directamente pelo poder público (ensino, saúde, etc.). O esquema é formalmente o mesmo da concessão clássica. O capital privado é chamado a construir e a explorar durante um certo período, mais ou menos longo (25, 30 anos), um estabelecimento público (hospital, escola, biblioteca, teatro, estabelecimento prisional, etc.), revertendo ele no final para o Estado. A diferença está em que, como o serviço público em causa não é pago pelos utentes (ou só em pequena parte o é), a amortização e remuneração do capital privado tem de ser assegurado *pelo próprio poder público*, mediante pagamentos regulares feitos pelo Estado durante o período do contrato, de acordo com a "produção" do serviço concessionado.

O juízo sobre a PFI nesses sectores é assaz controverso, tanto na Reino Unido como fora dele. Por um lado, esse esquema permite aos governos lançarem e fazerem executar obras e serviços públicos sem necessidade de sobrecarregarem o orçamento nem a dívida pública. Isto é especialmente importante quando os crescentes encargos financeiros com os serviços públicos (por exemplo na área da saúde) coabitam com a necessidade de equilíbrio das finanças públicas ("défice zero"), de aperto das receitas fiscais (sob pressão da "competitividade fiscal") e de limitações ao endividamento público, como sucede com o Pacto de Estabilidade e Crescimento da União Europeia. Por outro lado, porém, a PFI, embora desonerando o Estado do investimento inicial, não o liberta naturalmente do pagamento do investimento privado, limitando-se a reparti-lo ao longo de um período de tempo mais ou menos longo. Tal como no caso do investimento directo do Estado com recurso ao endividamento público, também na PFI sempre serão contribuintes que pagarão no futuro a factura.

Na Grã-Bretanha, onde a onda da PFI foi inaugurada há uma década pelo governo conservador e depois entusiasticamente prosseguida pelos governos trabalhistas, o esquema sempre teve a oposição dos sindicatos, que vêm nela uma forma sub-reptícia de privatização dos serviços públicos e de constituição de dois modos de gestão com lógicas distintas (uma gestão administrativa pública e uma gestão empresarial privada) e de dois regimes de pessoal assaz diferentes (o regime da função pública dos estabelecimentos públicos e o regime laboral privado dos estabelecimentos em regime de PFI), coexistindo no mesmo serviço público. A referida oposição é acompanhada por reservas quanto às vantagens financeiras do esquema, ilustrado pelos casos em que a gestão dos estabelecimentos deixa a desejar ou em que os custos previstos foram sucessivamente ultrapassados por efeito de cláusulas de revisão incluídos nos contratos com os investidores privados. A questão essencial consiste naturalmente em saber se a solução PFI se traduz em efectivo "value for money". Por isso mesmo, o circunspecto "The Economist", normalmente apoiante desta solução, pôde dizer que a reivindicação da avaliação do desempenho da PFI "não é irrazoável".

O perigo da PFI é que ela constitui um modo tentador de os governos fazerem obra rapidamente, sob pressão política, sem uma rigorosa avaliação do seu custo final para os contribuintes. A desnecessidade de endividamento público para construir a obra e o diferimento dos encargos para o futuro têm em si mesmos um efeito anestesiador da opinião pública. As cláusulas de revisão dos custos normalmente inseridas nos acordos de PFI só muito depois se vêm a revelar mais onerosas do que o previsto. E a gratuitidade desses serviços para os utentes torna-os impróprios para funcionarem como "countervailing power" face aos "concessionários" no que respeita aos custos financeiros (são os contribuintes em geral que pagam). Como disse rudemente o mesmo insuspeito "Economist", a principal virtude da PFI para os seus promotores está em que ela permite "esconder o verdadeiro custo dos programas de despesa do sector público". A isso acresce a vantagem de permitir libertar o endividamento para outras despesas públicas, ampliando assim as disponibilidades financeiras do Estado (mas sempre sobrecarregando mais os futuros contribuintes).

São estas preocupações que devem ser tidas em conta em Portugal, quando se perfila o lançamento do primeiro programa de estabelecimentos públicos a construir e gerir ao abrigo do esquema da PFI, com a construção de vários hospitais a integrar no Serviço Nacional de Saúde. A montagem dos concursos de selecção dos "parceiros" privados e dos respectivos instrumentos é aqui decisiva para minorar os riscos dessa solução. Apesar das diferenças, a experiência controversa tanto da gestão privada do hospital Amadora-Sintra – que é um simples esquema de entrega à gestão privada de um estabelecimento público já existente –, como das auto-estradas em regime SCUT ("sem custos para o utente") – que é uma experiência atípica de PFI num domínio clássico das concessões de obras públicas –, devem ser suficientes para tornar exigível um grande rigor no recurso a essa "solução milagrosa" que é o financiamento privado de obras, estabelecimentos e serviços públicos isentos de pagamento pelos utentes.

18 Outubro de 2002

O EMPRÉSTIMO RESPONSÁVEL

MARIA MANUEL LEITÃO MARQUES

O crédito ao consumo cresceu na Europa nos últimos anos, estendendo-se a países onde antes era praticamente irrelevante, como Portugal e em geral todo o sul da Europa. Vários factores contribuíram para que isso tivesse acontecido. A liberalização dos mercados financeiros e a concorrência acrescida nestes mercados, o controlo da inflação, o aumento do nível de vida, a perda de importância relativa das despesas em bens alimentares (em Portugal, o seu peso no orçamento das famílias passou de 29,5%, em 1989, para 18,7%, em 2000), permitindo aumentar as despesas na aquisição de outros bens ou serviços mais susceptíveis de serem adquiridos a crédito (automóveis, mobiliário e outro equipamento doméstico, viagens), a diversificação dos formatos comerciais e a fusão entre o espaço e o tempo de compras e de lazer são apenas algumas das mudanças que contribuíram para que o consumo se tornasse mais fácil e atraente.

No caso português, a procura de crédito foi agravada pelo facto de não existir um verdadeiro mercado de arrendamento, o que leva ao endividamento de famílias muito jovens para a compra da primeira habitação. O crédito para a habitação representa, assim, 75% do total do crédito a particulares.

A expansão do crédito e a sua democratização arrastou consigo os problemas dela decorrentes: aumento das situações de multi-endividamento (vários créditos para diferentes fins obtidos em mais do que uma instituição), agravamento do número absoluto de casos de incumprimento e de sobreendividamento (impossibilidade de fazer face aos compromissos de crédito assumidos), quer estes decorram de factos acidentais e imprevistos (divórcio, desemprego ou doença) ou de uma má gestão do orçamento familiar.

Considerando as condições de funcionamento do mercado interno (crescente mobilidade de cidadãos e de mercadorias, incremento das vendas à distância, etc.) e mais recentemente da União Monetária, não é de estranhar que alguns dos problemas que hoje discutimos em Portugal sejam comuns ou já tenham sido discutidos em outros países e, em particular, que seja conveniente que a sua discussão e eventual regulação se faça ao nível europeu de uma forma harmonizada.

É esse o principal objectivo da Proposta de Directiva do Parlamento Europeu e do Conselho em matéria de crédito aos consumidores. Por ora, a Directiva não se preocupa em harmonizar a regulação do sobreendividamento (sistemas de reestruturação do património das pessoas singulares insolventes). Essa regulação continua a cargo dos Estados-Membros, variando substancialmente de uns para os outros: desde aqueles que não têm qualquer sistema de regulação, como Portugal ou a Espanha, aos que adoptaram um sistema de *fresh start policy* à maneira americana (liquidação do património com perdão das dívidas remanescentes), como o Reino Unido, ou um sistema de reeducação financeira (aprovação de um novo plano de pagamentos), como a França ou a Alemanha.

A proposta de Directiva limita-se a dar atenção a alguns aspectos relacionados com a prevenção do sobreendividamento. Inspirando-se na ética empresarial, tão na moda mesmo que tantas vezes tão pouco precisa na sua configuração em concreto, a Directiva introduz o princípio do empréstimo responsável. Ou seja, a Directiva impõe medidas que visam aumentar a qualidade do crédito concedido, tornando mais transparente e fundamentada a avaliação da instituição credora e mais informada a decisão do consumidor.

O empréstimo responsável baseia-se na obrigação de o mutuante consultar uma base centralizada de dados antes de o consumidor ter contraído um crédito ou de o garante se comprometer a assegurar o seu reembolso. A consulta não constitui o único meio de avaliação para o mutuante, mas talvez seja um dos mais importantes para evitar o endividamento excessivo, prejudicando todos os mutuantes antes envolvidos e o próprio consumidor.

As bases centralizadas de dados ou ficheiros de crédito podem ser negativas ou positivas. As primeiras registam apenas os incidentes de crédito, enquanto as segundas incluem também o registo de todos os contratos de crédito e de garantia. As bases positivas são muito mais eficazes na prevenção do sobreendividamento. Na verdade, mesmo sem nenhum incidente, a taxa de esforço (i.e. o rácio entre o serviço da dívida – juros mais amortização do(s) empréstimo(s) – e o rendimento disponível do consumidor num determinado período, normalmente o mês ou o ano) pode já ter atingido um valor incomportável quando o consumidor procura um novo empréstimo. (Eunice, nome fictício de uma sobreendividada, conseguiu obter um quinto crédito para consumo, no valor de 2000 euros, quando a sua taxa de esforço era já de 80%, embora nesse momento ainda não tivesse nenhuma prestação em atraso. Contudo, não demorou muito até que isso viesse acontecer. Nesse momento, Eunice deixou de cumprir, não apenas o último, mas todos os contratos de crédito assumidos).

Em Portugal, existem duas bases centralizadas de dados: a Central de Riscos de Crédito do Banco de Portugal, que é uma base positiva organizada por uma entidade pública; e a Credinformações, uma base alimentada pelas suas associadas, maioritariamente Sociedades Financeiras para Aquisições a Crédito (SFAC), que começou por ser uma base negativa para passar recentemente a positiva.

A proposta de Directiva apenas obriga os Estados-Membros a assegurarem a existência de bases negativas, pelo menos numa primeira fase. Aqui a Directiva ficou aquém do desejável. Também ainda não se sabe como vai ser aplicada neste ponto: consulta obrigatória de que base(s)? Que limites para a responsabilização?

O resultado da consulta às bases de dados deve ser comunicado ao consumidor e mantido apenas pelo período necessário para a avaliação do seu risco.

Assim, salvaguardadas as devidas precauções em matéria de protecção de dados pessoais, esta poderá ser uma boa medida. Não que o empréstimo responsável previna todos os casos de sobreendividamento, ou sequer a maioria, que, de acordo com os dados disponíveis para Portugal e outros países europeus e não europeus, se devem ao desemprego ou a uma diminuição de rendimentos posterior ao momento em que foram contraídos os empréstimos. Aqui os seguros, cobrindo o risco de desemprego involuntário e a quebra de rendimentos, são mais eficazes. Mas sempre será possível evitar a concessão de empréstimos que agravem em demasia a taxa de esforço do consumidor, tornando mais que provável um futuro incumprimento.

15 de Novembro de 2002

AS AUTORIDADES REGULADORAS E O PARLAMENTO

VITAL MOREIRA

Segundo veio recentemente a público, a Comissão do Mercado de Valores Mobiliários (CMVM) vai passar a reunir regularmente com a comissão parlamentar de economia e finanças, para pôr esta ao corrente da regulação e supervisão do respectivo sector.

Há que saudar esta iniciativa. Desde há muito que defendo que as autoridades reguladoras independentes – categoria em que se integra a CMVM, que aliás foi uma das primeiras a ser criada – devem ter uma relação estreita com a Assembleia da República, a nível de comissão especializada permanente. Por dois motivos: por um lado, para desse modo permitir ao parlamento manter-se informado sobre a situação em cada um dos sectores regulados; por outro lado, porque, tratando-se de entidades independentes do Governo, o acompanhamento parlamentar da sua acção constitui um mecanismo de restabelecer o indispensável escrutínio democrático, a que todo o poder público deve estar sujeito.

Nos Estados Unidos, onde a figura das entidades reguladoras independentes *(independant regulatory commissions)* teve origem, está devidamente assegurado um significativo controlo do Congresso sobre as mesmas. Para começar, elas são criadas por lei do Congresso, que lhe define a missão bem como os seus poderes, nomeadamente poderes regulamentares, poderes de decisão concreta e poderes sancionatórios. Depois, embora a nomeação dos membros das agências reguladoras pertença ao Presidente – como chefe do governo que é, tratando-se de um regime presidencialista – , a escolha presidencial tem de merecer o assentimento do Senado, depois de uma apresentação do próprio indigitado, como sucede com a generalidade das nomeações presidenciais de altos cargos públicos, desde os membros do Governo até aos juízes do Supremo Tribunal. Por último, as agências reguladoras estão obrigadas a reportar regulamente ao Congresso, incluindo a comparência dos seus membros perante as suas comissões especializadas permanentes.

Na Europa, as entidades reguladoras independentes vieram a ser criadas muito mais tardiamente, em consequência do movimento de liberalização da economia e de privatização do sector público iniciado há um quarto de século. Tratando-se em geral de países com formas de governo parlamentar, em que o executivo é constituído de acordo com as eleições paramentares e depende do parlamento, era lógico concluir que a independência das autoridades reguladoras em relação ao Governo deveria ser "contrabalançada" por uma especial ligação em relação ao próprio parlamento. E de facto assim sucedeu na generalidade dos casos, com recurso a mecanismos idênticos ou afins dos desenvolvidos nos Estados Unidos. Em alguns países chega-se ao ponto de atribuir ao parlamento a própria designação dos membros das autoridades reguladoras, como sucede por exemplo com a autoridade reguladora das comunicações na Itália.

Entre nós, porém, existe uma quase total separação entre as entidades reguladoras (independentes ou não) e o parlamento. Criadas pelo Governo, sem necessidade de lei parlamentar ou sequer de simples autorização parlamentar, elas vivem à margem da Assembleia da República. Esta também não é chamada a participar no processo de escolha dos reguladores, nem no acompanhamento da sua actividade. Até há pouco tempo as respectivas leis orgânicas omitiam qualquer referência àquele órgão. Este estado de coisas só começou a mudar com os estatutos da ANACOM, de 2001, que pela primeira vez previram o envio de um relatório anual da entidade reguladora ao parlamento, bem como a possibilidade de o presidente da mesma poder ser chamado perante a comissão parlamentar competente. Essa inovação foi depois repetida nos estatutos da nova ERSE, a entidade reguladora da electricidade e do gás natural, já publicados em 2002. Mas não parece que a essa tendência tenha vindo para ficar, visto que os recentes estatutos da autoridade da concorrência voltaram à posição tradicional de alheamento em relação ao parlamento.

No projecto de lei-quadro que elaborei a pedido do Ministro da Reforma do Estado no Governo anterior – trabalho que foi editado por esse departamento já no ano 2002 e que esteve patente no seu "website" até à sua extinção com a mudança de Governo – fiz questão de sublinhar a importância da ligação entre as entidades reguladoras e a Assembleia da República. Eram quatro as soluções propostas nesse sentido. Primeiro, elas deveriam ser criadas preferencialmente por lei da assembleia legislativa. Segundo, na escolha dos membros das entidades reguladoras – que continuava a competir ao Governo, como até aqui –, exigia-se porém que o ministro competente apresentasse previamente o nome do indigitado à comissão parlamentar competente, justificando a sua escolha, de modo a permitir a essa comissão tomar uma posição sobre a nomeação de tal personalidade. Terceiro, previa-se que as entidades reguladoras passassem a enviar obrigatoriamente um relatório anual da sua actividade reguladora à comissão parlamentar correspondente. Quarto, estipulava-se que os presidentes das entidades reguladoras comparecessem sempre que necessário perante as mesmas comissões, para darem conta da sua actividade. Como é fácil ver, as duas últimas medidas já tinham sido adoptadas nos estatutos das duas autoridades reguladoras acima referidas. Só as duas primeiras propostas eram verdadeiramente inovatórias, com destaque para a segunda.

Desconhece-se se o actual Governo pensa também preparar uma lei-quadro das entidades reguladoras independentes, estabelecendo os traços essenciais uniformes dessa nova categoria específica de entes públicos, que em vários aspectos são tão diferentes dos institutos públicos tradicionais, integrantes da chamada "administração indirecta do Estado", justamente porque estes estão em geral fortemente dependentes Governo, tanto por efeito da livre revogação dos mandatos como através de amplos poderes de superintendência e de tutela ministerial, o que não sucede justamente com as entidades reguladoras independentes. Porém, independentemente de haver lei-quadro ou não, o que importa é saber se as entidades reguladoras independentes devem ou não manter-se inteiramente à margem da Assembleia da República e de qualquer mecanismo de controlo parlamentar.

Num sistema de governo de natureza parlamentar o Governo é responsável perante o parlamento pela sua própria actividade e pela condução da Administração Pública. O Governo não pode porém ser chamado a responder pelos organismos que, por força da Constituição ou da lei, dispõem de grande independência no exercício das suas funções, sem que o Governo possa demitir os seus membros nem endereçar-lhes recomendações ou directrizes, nem revogar ou alterar as suas decisões (que só são impugnáveis perante os tribunais por motivo de ilegalidade, não pelo seu eventual desacerto ou inoportunidade). Por isso, as entidades reguladoras independentes colocam evidentemente um problema de "accountability" democrática, visto que não respondem perante nenhum órgão do poder democraticamente legitimado, nem perante o Governo nem perante o parlamento.

Com efeito, estando as autoridades reguladoras independentes por definição fora da órbita da tutela governamental, pelo menos no que respeita à sua missão reguladora, torna-se imperioso estabelecer alguma forma de escrutínio parlamentar da sua acção. Por isso seria desejável que o exemplo da CMVM se tornasse uma regra para todas as demais.

29 de Novembro de 2002

QUARENTA ANOS DEPOIS

Maria Manuel Leitão Marques

Após um prolongado período de discussão pública, acaba de ser aprovado o novo Regulamento para a execução das regras comunitárias sobre as práticas anticoncorrenciais (art. 81.º e 82.º do Tratado CE).

Introduzido na Alemanha na década de cinquenta, em grande medida como reacção liberal aos cartéis em que se tinha apoiado o regime nazi, o direito da concorrência foi trazido pela mão dos alemães para o Tratado de Roma, de 1957. É certo que as primeiras regras da concorrência para um espaço europeu integrado, ainda que limitado às indústrias do carvão e do aço, foram as do Tratado da Comunidade Europeia do Carvão e do Aço (CECA), em 1951. Mas foi no seio da CEE que este direito veio a desenvolver-se de forma consistente.

Ao longo dos anos, o sistema da defesa da concorrência foi sendo criado e modificado pela interacção entre as normas do Tratado, os interesses e as ideias políticas e económicas vigentes em cada momento. De facto, o Tratado não criou uma moldura institucional ou processual para aplicação dos artigos 81.º e 82.º, nem para o desenvolvimento de um qualquer sistema de direito da concorrência neles baseado. Esse papel foi deixado às instituições da Comunidade e, em particular, à Comissão, que gozou para esse efeito de uma grande margem de manobra, facilitada pelo papel marginal que o direito da concorrência ocupava na generalidade dos Estados-Membros, à data da criação da CEE.

A tarefa iniciou-se com a aprovação pelo Conselho do Regulamento n.º 17, em 1962, que na prática confiou à Comissão a principal responsabilidade pela aplicação da política da concorrência.

A Comissão foi ajudada pelo Tribunal de Justiça das Comunidades Europeias, que enunciou princípios e valores gerais nos seus acórdãos, não se limitando aos casos individuais que lhe iam sendo apresentados. Nesta interacção entre o Tribunal e a Comissão, o objectivo da integração foi sempre central, o que permitiu ao direito da concorrência um grau de influência no âmbito das políticas comunitárias que dificilmente conseguiria atingir de outro modo, tendo reforçado a centralização da sua aplicação nas duas instituições referidas.

As décadas de oitenta e de noventa do século passado trouxeram consigo novos factos políticos e económicos que afectaram o direito comunitário da concorrência. As políticas de liberalização, privatização e desregulação suscitaram o alargamento do seu campo de aplicação a muitos serviços públicos económicos, e mesmo sociais e culturais. Além disso, a (quase) unificação do mercado interno fez com que o objectivo da integração desaparecesse do centro das atenções da política comunitária da concorrência.

Entretanto, em todos os Estados-Membros foram criadas leis para a protecção da concorrência, bem como os sistemas institucionais respectivos, em grande parte mimetizando o direito comunitário e contribuindo para a criação de uma cultura comum de concorrência, mais ou menos enraizada de acordo com as características sócio-económicas de cada Estado.

O ambiente económico internacional ajudou, por sua vez, a desenvolver condições favoráveis às fusões e alianças estratégicas, suscitando a necessidade de uma maior atenção aos processos de concentração, cujo controlo foi permitido à Comissão a partir de 1989.

Além disso, a perspectiva de alargar a Comunidade a mais dez Estados veio suscitar, por si só, a necessidade de uma reforma de algumas regras da concorrência, de modo a garantir a sua operacionalidade.

Quarenta anos depois do Regulamento n.º 17, estas foram algumas das razões que levaram a Comissão a iniciar agora um processo de descentralização articulada da responsabilidade pela aplicação do direito da concorrência, assente nos seguintes eixos principais:

1.º – Criação de uma rede entre as autoridades nacionais da concorrência dos Estados-Membros e a Comissão para o intercâmbio de informações, assistência mútua e sobretudo apreciação dos casos, baseada no princípio de que os processos devem ser tratados pela autoridade que se encontrar em melhores condições para o fazer;

2.º – Concentração do trabalho da Comissão na detecção das infracções mais graves, tais como os cartéis de preços, a repartição de mercados e o abuso de posição dominante, aliviando-a, em particular, das notificações ao abrigo do art. 81.º, n.º 3. A partir de agora, as empresas devem auto-avaliar as suas práticas para saber se elas reúnem ou não as condições para usufruírem de um "balanço económico" positivo. Em caso de litígio, cabe às autoridades a prova da infracção e às empresas a prova de que estão reunidas as condições de isenção;

3.º – Criação de condições equitativas de concorrência em toda a Comunidade, através do aumento do número de casos detectados e de um esforço orientador por parte da Comissão para que a aplicação do direito decorra de forma coerente. Note-se que ela conserva a possibilidade de retirar um processo da alçada de uma autoridade nacional;

4.º – Reforço dos poderes de investigação e agravamento de algumas sanções.

Os potenciais efeitos, positivos e negativos, desta descentralização, em termos de eficiência e cumprimento do direito comunitário da concorrência, constituirão nos próximos anos um foco de atenção privilegiada das autoridades por ele responsáveis e dos agentes económicos em geral.

Para já, as empresas têm manifestado algum receio de maior insegurança, desaparecido que foi o processo de notificação prévia dos seus acordos, o qual lhes permitia obter previamente da Comissão a certeza de que estes não continham cláusulas proibidas.

Além disso, as autoridades nacionais não têm todas os mesmos meios, a mesma experiência ou até a mesma legitimidade. Pôr a rede a funcionar de forma eficiente não será por isso uma tarefa fácil para a Comissão, quando o novo Regulamento entrar em vigor, em 2004.

13 Dezembro de 2002

OPORTUNIDADE DESPERDIÇADA

VITAL MOREIRA

A fusão dos três anteriores institutos da administração rodoviária num só – que manteve a denominação do principal deles, o Instituto das Estradas de Portugal (IEP) –, efectuada há dois meses (Decreto-Lei n.º 227/2002, de 30 de Outubro), constitui mais uma guinada na atribulada história recente da administração das estradas em Portugal.

Vale a pena relembrá-la nas suas fases mais relevantes. Até 1997 todas as tarefas de planeamento, construção, manutenção, reparação e gestão das estradas cabiam à Junta Autónoma das Estradas (JAE), um dos mais antigos institutos públicos nacionais, como uma história de várias décadas gravada por esse país fora em milhares de sítios, em marcos quilométricos e placas em pontes, viadutos e túneis. A revolução democrática de 1974 não pôs em causa esse organismo público.

Foi somente em 1997, passados mais de 20 anos (ministério de João Cravinho, no primeiro governo Guterres), que se procedeu a uma reestruturação da administração rodoviária, com a criação da JAE – Construção, SA, ao lado da JAE propriamente dita, separando a função operacional anteriormente desempenhada pela JAE, a qual ficou assim dedicada às tarefas de planeamento, regulação e gestão da rede rodoviária. A nova estrutura foi configurada como empresa pública, sob a forma de sociedade por acções, tendo por accionistas o Estado e a própria JAE (mas podendo vir a congregar outras entidades públicas). No fundo, tratava-se somente de agilizar os procedimentos administrativos e operacionais da construção de estradas, abandonando o regime de direito administrativo, em favor dos procedimentos de direito privado. A nova empresa não passava de um braço operacional da JAE, à qual prestava os seus serviços, sendo por ela remunerada.

Essa solução institucional não durou porém muito tempo. Dois anos depois, em 1999, ocorreu uma remodelação global do sector, com a extinção dos dois organismos preexistentes, os quais foram substituídos por três novos, a saber: o Instituto das Estradas de Portugal (IEP), com funções de planeamento, regulação e supervisão; o Instituto para a Construção Rodoviária (ICOR), com funções de construção das rodovias planeadas pelo IEP; e finalmente o Instituto para a Conservação e Exploração da Rede Rodoviária (ICERR), tendo a seu cargo a manutenção e gestão do parque rodoviário construído. Juntamente com esta especialização institucional, procedeu-se também a uma reforma do regime de organização e funcionamento desses institutos, os quais passaram a partilhar de algumas das características das empresas públicas, nomeadamente em matéria de regime de emprego e de gestão financeira e contratual, na senda dos "institutos públicos empresarializados" que se desenvolveram desde os finais dos anos 80.

Com a mudança de Governo na primavera de 2002, uma das primeiras decisões foi a de reduzir, mediante extinção ou fusão, o número de institutos públicos, cujo número tinha crescido de forma acentuada desde os anos 80. Logo na revisão do orçamento para o ano corrente (Lei n.° 16-A/2002, de 31 de Maio), previa-se a fusão de dois dos institutos rodoviários – o IEP e o ICERR –, sendo omissa quanto ao ICOR. Mas a reformulação veio a ser mais profunda, acabando por se consumar na fusão dos três institutos num só, repondo por isso, nesse aspecto, a situação anterior a 1997. Nessa decisão não terão sido alheias preocupações de poupança financeira (como aliás se deduz do preâmbulo dos diplomas que operaram a nova reforma).

Mas as mudanças não se ficaram pela integração institucional, afectando também o regime do novo organismo resultante da reunificação. De facto, embora o respectivo diploma legislativo ainda remeta para o "regime jurídico das empresas públicas", a verdade é que agora fica claro que isso só ocorrerá a título subsidiário, sendo o regime principal o dos institutos públicos. Desse modo, o novo IEP fica bastante mais submetido às regras públicas tradicionais no que se refere à sua gestão patrimonial e financeira (inclusive quanto ao controlo do Tribunal de Contas) e ao seu regime contratual. Ressalvou-se porém expressamente a aplicação do regime do contrato individual de trabalho.

Independentemente da pertinência dos motivos que justificaram este regresso ao passado, importa ver se a nova configuração institucional se apresenta como a mais adequada às novas tendências da organização administrativa dos serviços públicos que se desenvolveram na última década entre nós e lá fora. Ora, uma dessas orientações foi claramente a da separação entre as funções de regulação e supervisão, por um lado, e as funções operacionais da Administração Pública, por outro lado, sobretudo quando estas coabitam com a gestão privada de serviços públicos.

Ora, do que se trata aqui é de um serviço público em sentido estrito – o serviço público rodoviário –, que apresenta hoje um notável grau de complexidade. A par de rodovias construídas e geridas pelo Estado (bem como pelas regiões autónomas e pelos municípios), sendo umas de uso remunerado mediante portagens e outras (a maior parte) de uso gratuito, existe também um parque rodoviário construído e/ou gerido por empresas privadas, em regime de concessão, obviamente de uso remunerado pelos utentes, salvo no caso das vias SCUT (sem custos para o utente), em que as portagens são suportadas pelo Estado em vez dos utentes.

No que respeita às tarefas públicas envolvidas, o Estado é simultaneamente planeador da rede rodoviária, construtor e operador de uma parte dela, concedente, regulador e supervisor de outra parte a entidades privadas. Cabe perguntar se essas diversas tarefas podem ser desempenhadas pela mesma entidade de forma coerente, sem conflitos de interesse e incongruências. A resposta dificilmente pode ser positiva.

A reforma de 1999 podia ser acusada de demasiadamente desagregadora, distribuindo por três organismos diferentes outras tantas funções. Mas na contra-reforma a que se procedeu há dois meses bem se poderia ter sido menos radical, aproveitando para manter separadas, em dois organismos diferentes, de um lado a função de regulação e supervisão e de outro lado a função de construção, manutenção e gestão.

Na verdade, a função de regulação e supervisão não deve ser exercida somente sobre as empresas privadas concessionárias, mas também sobre os próprios organismos públicos encarregados da construção, manutenção e gestão das estradas sob responsabilidade directa do Estado. Também em face delas importa regular, supervisionar e, se for caso disso, sancionar as infracções aos regulamentos que asseguram a qualidade e a segurança rodoviária e protegem os direitos dos particulares, em especial dos utentes. Esta função de regulação deveria caber a uma entidade pública separada, dotada de suficiente autoridade e independência, não somente perante os poderosos concessionários privados mas também perante os organismos públicos operacionais, não menos influentes. Tudo aponta para aplicar a um organismo dessa natureza os traços entretanto desenvolvidos para as "autoridades reguladoras independentes" entre nós, nomeadamente a independência orgânica (inamovibilidade dos dirigentes, incompatibilidades, etc.) e funcional (autonomia regulamentar, decisória e sancionatória).

Diversamente, o organismo operacional dedicado à construção, manutenção, gestão do parque rodoviário de responsabilidade pública directa deveria manter as suas características de instituto público especial, com regime próximo das empresas públicas, se não mesmo de verdadeira empresa pública (mediante as necessária operações de engenharia financeira). Ficaria submetido, por um lado, à tutela do ministro competente e, por outro lado, à jurisdição da autoridade reguladora independente, tal como as empresas privadas concessionárias.

É pena que uma justificada reacção contra a proliferação de institutos públicos, misturada com algum fundamentalismo financeiro, tenha precludido a possibilidade de repensar de forma congruente e moderna toda a problemática da administração rodoviária entre nós.

27 de Dezembro de 2002

A RECEITA MÁGICA

Maria Manuel Leitão Marques

Sempre que hoje se discute sobre as reformas do Estado, na sua vertente reguladora e sobretudo na sua vertente prestadora de serviços, é raro que não seja utilizada a palavra "parceria" para cobrir as mais diversas situações que por vezes só têm em comum combinarem organizações diferentes em acções conjuntas.

Fala-se de parcerias público-privadas (PPP, ou 3P) a propósito da construção de infra-estruturas públicas com financiamento privado (as concessões em regime de "private finance initiative", PFI), indo de estradas e pontes a hospitais e prisões; da constituição de empresas municipais de capital misto para a distribuição de água ou recolha de lixo; do desenvolvimento de projectos de urbanismo comercial para a recuperação dos centros de cidade (entre empresas, associações e autarquias); da entrega da gestão de serviços públicos a entidades privadas ou sociais, como os hospitais, parques desportivos ou jardins; do desenvolvimento de projectos culturais (museus ou eventos) com a participação de entidades públicas e privadas; da investigação nas universidades com financiamento de empresas; dos mais variados projectos sociais, confiados a instituições particulares de solidariedade social (IPSS) com financiamento público; etc., etc.

Na verdade, o desenvolvimento das parcerias insere-se em pelo menos três desenvolvimentos distintos: primeiro, a extensão dos mecanismos de mercado a áreas de onde antes estavam ausentes (a chamada "mercadorização" da sociedade), o que levou ao desenvolvimento da concorrência entre os serviços públicos (que se mantêm como tal, mesmo que num formato empresarial) e o sector privado (ensino, saúde, televisão, serviços postais, etc.);

segundo, a privatização de empresas de serviço público e a contratação de "obrigações de serviço público" a um ou mais dos operadores privados (electricidade telecomunicações, etc.); e terceiro, uma mais nítida separação entre as funções do Estado enquanto fornecedor, comprador e regulador.

Em qualquer caso as parcerias público-privadas implicam normalmente o envolvimento de privados na organização, prestação ou gestão de infra-estruturas ou serviços públicos, sendo por isso designadas por alguns como a "segunda vaga das privatizações".

Mas o que é afinal uma PPP? Uma parceria público-privada é uma relação entre duas ou mais organizações – uma ou mais do sector público e uma ou mais do sector privado ou social (uma misericórdia, por exemplo) –, por um prazo determinado (de maior ou menor duração, conforme a natureza da operação), com o objectivo de alcançar objectivos negociais específicos, através da maximização da eficácia dos recursos de ambas as partes. Pressupõe-se, portanto, uma partilha de investimento, de responsabilidade e de resultados. Para esse efeito, pode ser constituída uma nova pessoa jurídica (sociedade ou associação mistas) ou tão só serem contratualizados os direitos e obrigações dos diferentes actores nela envolvidos.

Uma PPP deve, assim, servir, no essencial, para dividir os riscos e não para os devolver todos, seja para sector privado ou social (então para isso procede-se a uma privatização completa), seja para sector público, transferindo apenas a rentabilidade do negócio para os outros sectores. Uma PPP deve permitir a ambas as partes avançar para um projecto que, sozinhas, não estavam em condições de desenvolver nas mesmas condições de qualidade e eventualmente repartir os inconvenientes que dele possam vir a resultar.

Mas as PPP não são uma solução universal para a reforma de todos os serviços públicos e sobretudo não resolvem a maioria dos problemas do seu financiamento. Há portanto vantagens e desvantagens que devem ser cuidadosamente ponderadas. Por um lado, elas podem proporcionar financiamentos não disponíveis de imediato através de recursos exclusivamente públicos, economia de custos, maior flexibilidade e capacidade de introduzir novas tecnologias e métodos de gestão, uma partilha de risco (por exemplo, o risco da rentabilidade da infra-estrutura quando ela vai ser em parte amortizada pela procura e através do pagamento dos utentes), ganhos de eficiência pela melhor utilização dos equipamentos. Mas, por outro lado, pode registar-se uma perda de controlo público sobre a qualidade do serviço prestado, devido à insuficiência ou deficiência dos mecanismos de responsabilização do parceiro privado e à assimetria da informação; pode verificar-se um excessivo privilégio à rentabilidade imediata, prejudicando os objectivos de qualidade do serviço e a inovação; a despesa pode não diminuir ou apenas sofrer uma redução marginal; e há riscos políticos e sociais associados a uma eventual perda de confiança dos cidadãos no serviço prestado (por exemplo, a perda de confiança que actualmente existe nos serviços públicos de saúde).

Entre os erros que importa evitar contam-se as expectativas não realistas sobre os resultados esperados, uma utilização demasiado ligada ao objectivo da redução da despesa pública e a não consideração de outras alternativas, criando uma espécie de "monocultura das PPP". É ainda importante que não embarquemos em modas, sem considerar em simultâneo a reflexão crítica que sobre elas já existe. A opção por uma PPP deve, portanto, ser cuidadosamente ponderada, prudentemente experimentada, devidamente acompanhada, rigorosamente avaliada e só depois replicada.

Ocorre esta reflexão no momento em que entre nós, no sector do serviço público de saúde, está em curso uma reforma multifacetada, que envolve simultaneamente a empresarialização de várias dezenas de hospitais públicos, a construção de vários outros em regime de PFI e ainda a delegação da gestão de outros à gestão privada. A opção extensiva utilizada e a falta de criação simultânea de um regulador fazem admitir que há quem acredite que a solução virá por si, ou seja, que as PPP (e a empresarialização) são só por si uma receita mágica para melhorar os serviços públicos e reduzir a despesa.

10 de Janeiro de 2003

EM RISCO DE PERDER O COMBOIO

Vital Moreira

Há poucos dias o Parlamento Europeu aprovou uma moção no sentido da liberalização total do transporte ferroviário em toda a UE dentro de cinco anos, ultrapassando mesmo a proposta liberalizadora apresentada pela comissária dos transportes, Loyola de Palácio.

De facto, a posição aprovada pelos deputados de Estrasburgo propõe que dentro de três anos, no início de 2006, seja totalmente liberalizado o transporte internacional de mercadorias e de passageiros, bem como o transporte nacional de mercadorias, e que dois anos depois, no inicio de 2008, esteja completada a liberalização do sector, com a abertura do mercado doméstico do transporte de passageiros. Para a Comissão, que tem tentado estugar a marcha do comboio da liberalização dos caminhos-de-ferro europeus, trata-se de uma condição necessária para salvar o sector das dificuldades que vai acumulando na generalidade dos países.

Os transportes ferroviários são um dos mais atrasados sectores dos serviços públicos de rede a iniciar a sua abertura à concorrência. A primeira fase da liberalização foi desencadeada com uma decisão comunitária de 2001, que apenas exige a liberalização, entre 2003 e 2008, do transporte internacional de mercadorias, entendendo-se por tal aquele que envolve pelo menos a passagem de uma fronteira nacional. A tomada de posição do Parlamento Europeu traduz evidentemente uma aceleração do processo, queimando etapas, de modo a conseguir até à referida data a liberalização total, quanto actualmente só está em causa o transporte internacional de mercadorias, estando de fora não somente o transporte internacional de passageiros mas também todo o transporte interno.

A situação na Europa dos 15 sobre este assunto não poderia ser mais variada. Desde os países que liberalizaram integralmente o transporte ferroviário há uma década (como a Grã-bretanha), até aos que nem querem ouvir falar nisso (a França, claro!), existem muitas situações intermédias em graus diferenciados de abertura ao mercado. Aqui ao lado, em Espanha, o Governo de Aznar acaba de anunciar a apresentação de uma lei que visa apressar a abertura à concorrência, de modo a completá-la dentro de um prazo curto. Segundo o aplano anunciado, já este ano seria liberalizado o transporte de mercadorias e em 2005 o transporte de passageiros. A Espanha confirma assim, em relação ao caminho-de-ferro, o seu zelo liberalizador, que já lhe permitiu a abertura total dos sectores da electricidade e do gás natural, muito antes do prazo estabelecido nas directivas comunitárias correspondentes.

A abertura dos caminhos-de-ferro ao mercado não levanta excessivos problemas de concepção, tendo em conta a anterior experiência em relação a outros serviços públicos de rede. Ela exige, em primeiro lugar, a separação entre a gestão da rede e a actividade transportadora propriamente dita e, em segundo lugar, a garantia de acesso de outros operadores de transporte ferroviário (nomeadamente estrangeiros) à rede até agora detida e utilizada exclusivamente pela empresa pública ou concessionária encarregada do transporte ferroviário em cada país. A separação pode também revestir formas mais ou menos intensas, desde a simples separação contabilística – continuando o operador histórico a possuir e utilizar a rede em concorrência com os novos operadores que surjam em consequência da liberalização –, até a uma radical separação empresarial, criando expressamente um entidade gestora da rede, distinta da anterior entidade que abarcava de forma integrada toda a "fileira" do sector, incluindo a gestão da rede e das demais infra-estruturas (estações, sinalização, etc.).

Assim, em Espanha a referida lei de liberalização prevê o destacamento da rede e das infra-estruturas que hoje integram a concessão da Renfe, passando aquelas a ser geridas por uma nova entidade exclusivamente pública, enquanto a anterior empresa integrada passará a ser essencialmente uma empresa de transportes ferroviários. A nova entidade assumirá o encargo de gerir o tráfico ferroviário, fazendo-se remunerar pelo pagamento de taxas por parte das companhias ferroviárias, entre as quais a Renfe. Na verdade, é a mesma receita já aplicada a outros sectores, como a electricidade e gás e em geral a outros sectores baseados em infra-estruturas insusceptíveis de ser replicadas (monopólios naturais) e onde a concorrência só pode ser feita entre operadores que possam ter acesso em condição de igualdade e não discriminação à utilização da rede. Nessa perspectiva, é necessário também que o gestor da rede não possa recorrer à descriminação entre os transportes de passageiros e o de mercadorias, favorecendo um em prejuízo do outro.

Entre nós vive-se uma situação assaz indefinida. Apressámo-nos, em 1997, a estabelecer as condições legais e as institucionais da abertura ao mercado. A CP, antiga concessionária de toda a fileira ferroviária, foi cindida, perdendo a rede e as infra-estruturas para uma nova empresa pública criada de novo, a Refer. Além disso, criou-se também uma entidade reguladora dedicada, o Instituto Nacional do Transporte Ferroviário (INTF), com amplos poderes (incluindo o controlo do acesso à actividade de transporte ferroviário no quadro da liberalização), mas com poucos meios e recursos e sem as garantias de independência de que foram dotados outros reguladores. O processo encalhou, no meio do volumoso endividamento da CP e da sua recusa em pagar as tarifas de utilização das linhas decididas pelo INTF, sem que este tenha tido meios nem autoridade para resolver a situação.

A caminho de o novo Governo perfazer um ano, não se nota que algo esteja a mexer neste sector. No que respeita aos transportes o titular da pasta respectiva tem estado absorvido com outros dossiers mais instantes, como o traçado da linha de TGV ou a questão da adopção da bitola europeia nas linhas convencionais. Tudo indica que enquanto esses "dossiers" não estiverem resolvidos e o saneamento financeiro da CP não estiver encaminhado, não se podem alimentar ilusões sobre a liberalização do sector.

No entanto, a votação no Parlamento Europeu e os planos de Madrid para acelerar a abertura ao mercado não permitem que nos esqueçamos que lá fora o processo avança rapidamente e não cuida de quem fica para trás. Seria desolador que, depois de uma saída de leão na adopção dos necessários instrumentos legislativos para a reforma dos caminhos-de-ferro, nos arriscássemos a perder o comboio da modernização e da revitalização do transporte ferroviário entre nós.

24 de Janeiro de 2003

O ANO DA CONCORRÊNCIA

Maria Manuel Leitão Marques

No domínio da regulação económica, o ano de 2003 bem pode vir a ser chamado, pelo menos entre nós, o ano da concorrência.

O primeiro regulamento comunitário do ano (Regulamento n.º 1/2003) veio substituir o velho Regulamento 17, de 1962, descentralizando a aplicação do direito comunitário da concorrência. Em Portugal, foi publicado em Janeiro o diploma que cria a Autoridade da Concorrência e anunciam-se para breve mudanças na lei substantiva de 1993. O projecto, que já se encontra na Assembleia da República, não contém alterações radicais, como aquele que o antecedeu, nem disso se estava à espera. Mas pelas correcções que introduz, precisões a que procede e por algumas novidades que acrescenta, ele merece o nosso apreço e atenção. Comentarei hoje apenas um dos novos aspectos da reforma: o acolhimento da doutrina das infra-estruturas essenciais (*essential facilities*), em sede de abuso de posição dominante.

No art. 6.º da proposta, prevê-se que uma empresa em posição dominante não possa recusar, contra remuneração adequada, facultar a qualquer outra empresa o acesso a uma rede ou a outras infra-estruturas essenciais que a primeira controla, desde que a falta de acesso impeça a emergência de um concorrente no mercado a montante ou a jusante, salvo se a empresa dominante demonstrar que tal acesso é impossível em condições de razoabilidade.

Com origem americana, onde foi aplicada pela primeira vez em 1912 no caso Terminal Railroad, a doutrina das "*essential facilities*" foi introduzida na Europa por uma decisão da Comissão Europeia no caso Sealink. A Sealink era uma sociedade britânica de *ferry-boats* que, ao mesmo tempo que fornecia o serviço de transportes, era também a autoridade portuária do porto de Holyhead, no País de Gales. No exercício desta função, a Sealink fixou os horários de navegação, favorecendo os seus *ferry-boats* e prejudicando os concorrentes. A Comissão entendeu que tinha havido abuso de posição dominante, tendo a Sealink utilizado o domínio de uma estrutura essencial (o controlo das infra-estruturas portuárias) para beneficiar a sua posição em outro mercado (o dos transportes marítimos de passageiros).

A doutrina das *essential facilities* assumiu maior relevância no âmbito da liberalização das actividades dependentes de redes com as características de monopólios naturais (rede de electricidade, gás natural, água, telecomunicações, ferroviária, etc.) devido à necessidade de garantir o acesso à rede em condições não discriminatórias. A questão do acesso tem sido resolvida tanto em sede de regulação sectorial, por exemplo, obrigando as empresas encarregadas da gestão dessas redes a separar essa actividade das demais actividades em que também estão envolvidas nos mercados secundários ou derivados, como através da regulação da concorrência. Neste caso, como vimos, impõe-se às empresas públicas ou privadas em posição dominante ou detentoras de uma posição privilegiada a obrigação de permitir o acesso dos concorrentes a essas infra-estruturas, a fim de possibilitar uma concorrência efectiva.

Tem sido igualmente discutida a possibilidade de aplicação da doutrina das *essential facilities* aos direitos de propriedade intelectual e aos recursos imateriais, como a informação. A discussão foi de algum modo desencadeada pelo caso Magill. A Comissão Europeia entendeu que a Rádio Telefis Eireann (RTE) e a Independent Television Publications (ITP) – detentoras dos direitos de autor sobre as respectivas grelhas de programação televisiva, que publicavam em guias próprios – abusaram da sua posição dominante no mercado dos guias semanais de televisão, ao recusarem um pedido de cedência das grelhas de programação semanal à Magill, Tv Guide Ltd.. Esta empresa pretendia elaborar um guia de TV com os programas de todas as estações televisivas da Irlanda. Reconheceu-se que existia uma procura potencial por parte dos consumidores para este novo produto (um guia de TV completo, semelhante aos que existem noutros países europeus). A informação sobre os programas de TV foi considerada como um recurso essencial, indispensável à produção de um guia geral de programas. Esta decisão foi muito criticada, mas o Tribunal de Justiça decidiu mantê-la e obrigou a RTE e ITP a ceder as grelhas à Magill, mediante adequada compensação. O Tribunal entendeu que, embora a recusa da cedência dos direitos de autor, em geral, não possa ser considerada como um abuso de posição dominante, em circunstâncias extraordinárias, como as deste caso, pode ser entendida como tal.

No caso Microsoft, por sua vez, admitiu-se que o sistema operativo Windows pudesse ser considerado como uma *essential facility*, tendo em conta a posição dominante da Microsoft a nível mundial no mercado dos sistemas operativos (cerca de 95% de quota de mercado) e a relação entre este mercado e o mercado derivado das aplicações.

Dois problemas principais relacionados com o uso desta doutrina têm ficado, contudo, por resolver. O primeiro consiste em determinar o que são estruturas ou recursos essenciais, o que, por ora, tem sido decidido caso a caso. O segundo, o de saber quais os limites do direito dos concorrentes ao acesso às estruturas e recursos essenciais da empresa dominante, visto que forçá-la à partilha do acesso constitui uma forte restrição ao seu direito de propriedade. Para nenhum dos problemas existe ainda uma resposta estabilizada a nível europeu, o que suscita uma natural inquietação nos mercados abrangidos. Urge assim encontrar uma posição equilibrada entre os direitos legitimamente adquiridos e as vantagens de um mercado aberto à concorrência que beneficie a inovação e o bem-estar dos consumidores.

Ou não é verdade que, quando estamos descontentes com um prestador de serviços para o qual não existe alternativa, não só lamentamos a sua falta de qualidade, mas pensamos também que o serviço não melhora precisamente pela ausência de concorrência?

7 de Fevereiro de 2003

A INDEPENDÊNCIA DA AUTORIDADE DA CONCORRÊNCIA

Vital Moreira

Nos termos dos respectivos estatutos a nova Autoridade da Concorrência (AC) goza de considerável independência, como convinha às suas funções e ao seu próprio nome de "autoridade", integrando por isso a categoria constitucional das "entidades administrativas independentes".

Essa independência manifesta-se em dois traços fundamentais. Por um lado, os seus membros são designados por um mandato relativamente longo (cinco anos) e gozam de estabilidade, não podendo ser destituídos, salvo em caso de falta grave. Por outro lado, eles são independentes no exercício das suas funções, já porque não estão sujeitos a ordens, instruções, directivas ou recomendações governamentais, já porque as suas decisões só podem ser impugnadas junto dos tribunais (com uma excepção, relativa às concentrações).

Nesse ponto crucial a AC alinha portanto com o regime de várias das autoridades reguladoras sectoriais que a precederam, como por exemplo, a Comissão do Mercado de Valores Mobiliários (CMVM) ou a Entidade Reguladora dos Serviços Energéticos (ERSE). Além disso, em vários aspectos do seu regime os seus estatutos mostram uma não escondida influência da proposta de lei-quadro das autoridades reguladoras independentes elaborada no âmbito do extinto Ministério da Reforma do Estado, no final do Governo anterior.

Contudo, uma análise mais detida revela algumas sensíveis divergências quanto às garantias de independência da nova entidade, quando comparadas com o modelo sugerido há um ano no referido projecto de diploma-quadro e mesmo quanto ao regime de algumas da autoridades reguladoras preexistentes, nomeadamente as de geração mais recente, como as duas atrás citadas.

Assim, por exemplo, no respeitante ao estatuto dos membros da autoridade, fácil é constatar que não se seguiu a regra do mandato único, com proibição de recondução, solução esta que existe por exemplo no caso da ANACOM e que era proposta como solução universal no anteprojecto mencionado. Também se verifica um recuo no que respeita às garantias de inamovibilidade, visto que se não exige que a "falta grave" que pode justificar a dissolução do conselho da Autoridade e a destituição individual dos seus membros tenha de ser verificada por uma entidade independente, ficando portanto de facto nas mãos do Governo a sua apreciação, dada a relutância dos tribunais administrativos em controlarem o respeito pelos conceitos relativamente indeterminados, como é este de "falta grave".

Outra das garantias essenciais da independência das autoridades reguladoras é a autonomia financeira. Isso implica desde logo receitas próprias, tanto quanto possível suficientes para custear as suas actividades, sem dependência do orçamento do Estado; e exige também uma genuína autonomia de gestão financeira, dentro do plano e orçamento aprovados. A generalidade das autoridades reguladoras sectoriais são financeiramente auto-suficientes e gozam de um regime de autonomia reforçada de gestão financeira, beneficiando de um regime equiparado ao das empresas públicas, muito mais livre do que o dos "fundos e serviços autónomos" (SFA). Mas não foi esse o caminho seguido no caso da AC.

Quanto às receitas próprias, as que podem vir a ter montante relevante serão naturalmente as taxas pelos seus serviços (por exemplo, as taxas pelos procedimentos relativos às concentrações) e as coimas, ou seja, as sanções pecuniárias aplicadas pelas infracções às leis ou às determinações da própria Autoridade, se é que estas virão a ser efectivamente cobradas, dada a conhecida demora na sua aplicação, combinada com a tendência para a sistemática impugnação das mesmas, abrindo caminho à quase universal prescrição dos respectivos procedimentos sancionatórios. O mais provável é que a Autoridade não venha a ser financeiramente auto-suficiente e que, pelo contrário, venha a depender em maior ou menor medida de transferências do orçamento do Estado. Ora, nesse contexto não se entende por que é que a sua participação no produto das coimas que ela mesma aplica se limita a 40%, revertendo o resto para os cofres do Estado. Melhor seria consignar toda a receita das coimas ao orçamento da Autoridade, para assim diminuir a dependência do Orçamento do Estado.

Quanto à autonomia de gestão financeira, a Autoridade fica sujeita ao regime, assaz restritivo, dos fundos e serviços autónomos, o qual, apesar do respectivo nome, inclui um razoável controlo do Ministério das Finanças e cuja autonomia fica bem aquém da regime "para-empresarial" da generalidade das autoridades reguladoras sectoriais. Ora, não sendo a Autoridade financeiramente auto-suficiente, mais se justificava a autonomia de gestão financeira.

Existem outros aspectos em que a nova autoridade de regulação e supervisão independente fica aquém do possível e do desejável. É o que sucede em relação à transparência e responsabilidade pública da sua actividade. Assim, por exemplo, em matéria de aprovação de regulamentos, não se adoptaram os procedimentos de discussão pública previstos por exemplo nos estatutos da ERSE e da ANACOM, que seguem as regras da "democracia procedimental" típicas das comissões reguladoras independentes dos Estados Unidos.

Outra diferença significativa está na ausência de referência a qualquer forma de relacionamento entre a Autoridade e a comissão competente da AR. Faz-se referência ao envio de um relatório anual ao Governo e à AR, mas contrariamente ao que está estabelecido em relação a algumas entidades reguladoras sectoriais não existe nenhuma menção à comparência do presidente da Autoridade na comissão parlamentar para informar e dar conta da sua actividade.

Não se trata aqui de pormenores despiciendos. A Autoridade da Concorrência não é uma autoridade de reguladora qualquer. Se se justifica a independência das entidades reguladoras em geral, ainda mais se justifica aqui. Por um lado, ela lida com os fundamentos mesmos da economia de mercado, tanto a nível interno como no plano do mercado único europeu (dadas as novas funções descentralizadas das autoridades nacionais de concorrência). Por outro lado, sendo uma entidade com competências transversais, sem excluir os sectores com regulação "vertical" própria, ela precisa de se impor às respectivas autoridades reguladoras sectoriais, onde se contam algumas das mais prestigiadas e poderosas entidades administrativas independentes entre nós (a começar pelo Banco de Portugal e pela CMVM...). Por isso, é de lamentar que uma excessiva ortodoxia financeira e política tenha limitado as garantias formais e procedimentais de autoridade da entidade nacional de defesa da concorrência.

Embora noutro plano, as mesmas reservas valem para a solução encontrada quanto à impugnação contenciosa das decisões administrativas da Autoridade. Enquanto a regra geral (salvo quanto às sanções contra-ordenacionais) é a da competência dos tribunais administrativos – tal como a Constituição impõe, aliás –, conforme aos mecanismos próprios da justiça administrativa (de natureza essencialmente anulatória), neste caso deu-se tal competência ao Tribunal de Comércio de Lisboa, um tribunal de 1ª instância integrado na ordem judicial comum. Para além do carácter insólito da solução (e da sua controvertida conformidade constitucional), resta o risco de essa solução poder submeter as decisões da autoridade a parâmetros alheios à justiça administrativa, que podem afectar a consistência das decisões da Autoridade.

27 de Fevereiro de 2003

A (IN)SEGURANÇA ALIMENTAR

Maria Manuel Leitão Marques

Manter a confiança dos cidadãos na economia, no sistema de saúde ou de educação, nas forças de segurança, no sistema financeiro, na justiça e no próprio sistema político constitui hoje uma das tarefas mais importantes para qualquer governo. Sobretudo quando se sabe que essa confiança tem vindo a diminuir na generalidade dos países, como ainda recentemente confirmava uma sondagem realizada para o último Fórum Económico Mundial, em Davos.

Uma das áreas onde a confiança tem sido profundamente abalada nas sociedades mais desenvolvidas é a da segurança alimentar, considerando a crescente complexidade dos produtos e o aumento da distância entre a produção e o consumo. A discussão sobre o efeito da alimentação moderna na obesidade constitui hoje um tema muito polémico nos EUA, onde já chegou aos tribunais. Na Europa, um estudo do Eurobarómetro mostrava que apenas 40% dos consumidores europeus confiava na segurança dos alimentos e 90 % desejavam que a Comissão Europeia desenvolvesse instrumentos que permitissem que os produtos agrícolas fossem saudáveis e seguros.

De facto, mesmo considerando o princípio da subsidiariedade e o incontornável papel dos Estados-Membros neste domínio, em mercado europeu aberto não poderá deixar de haver alguma regulação a nível comunitário. Quanta, é o que se irá ver nos próximos anos.

Até agora a Comissão não se tem feito rogada nem desatenta. Em 2000 publicou o Livro Branco sobre a segurança alimentar. Aí apresentou um vasto leque de oitenta medidas a desenvolver, entre as quais a da criação de uma Autoridade Alimentar Europeia, para avaliar melhor os riscos com base em melhor informação científica. E no mês passado veio anunciar um novo Regulamento, em substituição das Directivas anteriores, sobre os controlos oficiais dos alimentos para animais e para consumo humano, reforçando a vigilância dos sistemas de controlo nacional.

Na base desta vasta iniciativa regulatória está a ideia de que a confiança pode ser mantida mesmo em situações de risco, se a informação disponível for transparente e houver a convicção de que as autoridades com capacidade de intervir na gestão dos problemas o fazem com toda a diligência e mesmo com precaução.

De facto, para garantir a confiança não basta a inspecção do produto final. Nem chega proibir substâncias perigosas. É necessário accionar o princípio da precaução mesmo em caso de incerteza. Não é exigível a prova científica incontestável de efeitos nocivos. Basta a dúvida fundamentada, para que se devam evitar danos futuros irreversíveis. Depois, é preciso seguir o percurso do produto desde a "quinta até à mesa", ou seja, garantir a sua rastreabilidade. Finalmente, exigem-se mecanismos fiáveis e eficazes de fiscalização e punição das infracções.

Mas este tipo de preocupações parece andar ainda longe de nós.

O recente escândalo da utilização de uma substância proibida na produção de frangos tornou visíveis indesculpáveis falhas no sistema de segurança alimentar. São vários os seus factores. Primeiro, a complexidade da cadeia e a dificuldade que isso acarreta quando há que detectar a origem do problema. Segundo, a própria falta de responsabilidade e de escrúpulos dos produtores, seja na manipulação dos produtos ou na procura de informação sobre a sua origem e composição. Terceiro, o défice do sistema de fiscalização e de actuação das autoridades competentes. Repare-se que não se trata de um caso esporádico de uma ou duas empresas, mas de um grande número. Chega-se mesmo a supor que existiria uma grande expectativa de impunidade!

Em vez da reacção célere e da transparência da informação oficial que se esperava, precisamente para preservar a confiança, assistimos ao oposto: laxismo, relativa desvalorização inicial, arrastamento do problema pelos gabinetes, se não mesmo ocultação de informação relevante.

Mas será que a indignação dos cidadãos se fez sentir na proporção da gravidade implícita de uma situação que tem a ver com o uso alargado de uma substância comprovadamente perigosa? Não nos iludamos: maior exigência e menos passividade e tolerância com situações desta natureza, nas suas diferentes vertentes, são pedidas também a todos nós.

13 de Março de 2003

AGÊNCIAS REGULADORAS INDEPENDENTES EM XEQUE NO BRASIL

Vital Moreira

O novo Governo brasileiro do Presidente Lula da Silva parece ter entrado em rota de colisão com as autoridades reguladoras independentes (no Brasil mais conhecidas por "agências reguladoras") que herdou dos governos anteriores, criadas no contexto do processo de liberalização da economia e de abertura ao mercado dos grandes serviços públicos e das "utilities" e caracterizadas por uma considerável independência face ao Governo.

Depois de uma declaração hostil do próprio Presidente, no seguimento de uma decisão da agência reguladora das telecomunicações (Anatel) sobre tarifas, que não agradou ao Governo, acaba de ser apresentado no Congresso um projecto de diploma para reduzir a independência das agências reguladoras e permitir ao executivo controlar a sua acção. Segundo informa a revista *Valor Económico*, "o documento, que teria o aval da Casa Civil [do Presidente], prevê a redução do poder das agências reguladoras, que ficariam em muitos casos submetidas à mão forte do governo".

Entre as alterações propostas conta-se a limitação da duração dos mandatos, fazendo-os coincidir com o do governo, bem com a possibilidade de destituição a todo o tempo, em caso de incumprimento das políticas determinadas pelos ministérios de tutela de cada sector regulado. "O projecto – acrescenta a mesma fonte – pode-se tornar o passo inicial no Congresso para a discussão das agências reguladoras, que hoje estão em xeque. O governo deu sinais recentemente que a política tarifária não poderia estar relegada aos órgãos reguladores, mas deveria ser de responsabilidade dele".

A animosidade do novo governo federal contra as agências reguladoras é fácil de explicar, baseando-se, por um lado, na vontade de remover as personalidades deixadas pelo Governo precedente e de substituí-las por outras próximas do novo poder político, e por outro lado, numa concepção mais marcadamente "política" e voluntarista da regulação, sobretudo no que se refere às tarifas dos serviços públicos, que o governo gostaria de controlar, dado que a sua subida afecta a sua base social de apoio.

Curiosa é a justificação que se adiantou para essa iniciativa de reforma das agências reguladoras. "A argumentação do projecto – relata ainda a mesma publicação – é de que, como o regime é presidencialista, o poder delas não pode se sobrepor ao do Executivo". Este argumento não resiste, porém, a um simples exercício de reflexão. De facto, as agências reguladoras independentes são uma criação dos Estados Unidos, a mais clássica expressão de um regime presidencialista, onde elas existem há mais de um século.

A verdade é que as agências reguladoras brasileiras enfrentam agora um desafio político, que contesta a sua própria filosofia como autoridades independentes. A sua lógica está justamente em estabelecer uma separação entre a definição de opções de política regulatória, que devem ser do foro governamental e permanecer dentro da esfera do "comércio político" e sob o império das orientações mutáveis de cada governo, e a regulação económica e "técnica" propriamente dita, que deve ser desgovernamentalizada, depender somente da lei e ficar isenta de orientações governamentais, porque deve constituir um quadro estável, seguro e previsível para a economia, ou seja, para os empresários e investidores.

Como se diz acertadamente num estudo de um "think tank" brasileiro recentemente divulgado – o Instituto de Pesquisa Económica Aplicada (Ipea) –, "é necessário desfazer o equívoco representado pela confusão de atribuições de agências, ora tidas por agências independentes, que aplicam tecnicamente a lei, ora vistas como agências executivas que implementam programas de governo." Mas esclarecido esse problema de fronteiras do seu mandato, as agências reguladoras independentes têm toda a justificação, tanto para garantir uma regulação imparcial lá onde o Estado concorre com operadores privados, ao longo do processo de liberalização, como para garantir, com autoridade em relação aos operadores, públicos ou privados, as obrigações de serviço público ligadas à generalidade das "utilities" (energia eléctrica, telecomunicações, etc.).

As agências reguladoras independentes suscitam naturalmente problemas de "accountability" pública. Desde há muito que esse problema se deparou na pátria delas, os Estados Unidos. Mas o remédio para o défice de legitimidade democrática e de prestação de contas das autoridades reguladoras independentes não é a sua governamentalização, sujeitando-as à superintendência ministerial, mas sim através de mecanismos de "democracia procedimental" (transparência e participação pública dos interessados, regulados e consumidores) e sobretudo através de um estreitamento das relações entre as mesmas e as comissões parlamentares competentes.

27 de Março de 2003

AS QUOTAS

Maria Manuel Leitão Marques

O acesso livre à actividade económica constitui uma das condições para que haja concorrência em qualquer sector. Mas não são poucas as actividades para as quais existem barreiras legais à entrada, fazendo depender o seu exercício de uma autorização administrativa prévia. Algumas vezes, as barreiras explicam-se por razões técnicas (como nos telefones móveis) ou por razões prudenciais (como os bancos). Mas não raras vezes têm puro fundamento corporativo (como na actividade farmacêutica) ou assentam em objectivos de política económica cujas vantagens nem sempre são evidentes.

Olhemos, por exemplo, para o regime de licenciamento das chamadas unidades comerciais de dimensão relevante (que incluem os grandes grupos de distribuição comercial especializada e não especializada). Em contra-tendência aos ventos da desregulamentação e liberalização, mantém-se um complexo regime de condicionamento baseado em quotas máximas para cada grupo económico, difícil de aplicar e em grande medida fundado em razões de oportunidade económica. O objectivo deste entrave à concorrência foi o de proteger os formatos comerciais uns dos outros, dando tempo para a modernização do pequeno comércio ou mesmo atribuindo-lhe zonas exclusivas, e não apenas o de evitar externalidades negativas, urbanísticas ou ambientais.

Mas por muito boas que fossem as intenções, este regime de contingentação está longe de se ter mostrado eficaz na prossecução do seu objectivo principal. A reacção do pequeno comércio independente tardou a fazer sentir-se, o regime de arrendamento comercial dificultou a renovação e os casos de modernização com sucesso na verdade pouco se deveram ao regime do licenciamento, mas bem mais à iniciativa dos seus promotores ou a outros programas públicos de apoio, como o PROCOM ou o URBCOM.

Além disso, a procura dos diferentes formatos comerciais tende a diferenciar-se. Sobretudo no comércio alimentar, compram-se alguns produtos apenas nos grandes formatos e outros no comércio de proximidade, o que leva a que as grandes superfícies comerciais concorram cada vez mais entre si. Assim, as unidades comerciais que primeiro se instalam beneficiam de um regime que dificulta novas entradas. Com mercados relevantes limitados do ponto de vista geográfico, verdadeiras situações de quase monopólio podem ser criadas, reflectindo-se em preços mais altos e em menor qualidade dos serviços, com prejuízo para os consumidores, como ficou comprovado nas comparações realizadas pela DECO e pela Direcção-Geral do Comércio.

Acresce que a periferialização para que foram remetidas as maiores unidades comerciais, nem sempre justificada por razões urbanísticas, acabou por ter um efeito contrário ao pretendido. Em vez de criar uma zona exclusiva para o comércio tradicional, levou consigo os consumidores.

Não valorizando devidamente as suas preferências e os estilos de vida, esperou-se que os consumidores se adaptassem ao comércio existente em vez de ocorrer o contrário. Acontece, porém, que o tempo para ir às compras é hoje muito mais curto e passou a coincidir com o tempo de lazer, o que faz deslocar a procura para os estabelecimentos mais atraentes e acessíveis, com maior variedade de produtos e um horário de funcionamento mais alargado

Quando se pretendeu corrigir o erro e travar a desertificação dos belos espaços tradicionais de comércio muitas vezes já foi tarde. Novos hábitos, novos gostos, novas fidelidades estavam instalados. Mesmo assim, podemos ver o impacto positivo que teve o novo espaço comercial do Chiado, em Lisboa, no comércio circundante e, se quisermos ir mais longe, verificar que o mesmo acontece à volta do Boulevard Haussman, em Paris, onde se situam os grande armazéns, ou em Barcelona, junto ao novo Corte Inglês.

Rever o sistema de quotas e outros procedimentos do planeamento comercial parece ser assim uma atitude de bom senso. Um regime que não cumpre os seus objectivos e ainda tem efeitos perversos acaba por não servir o interesse geral, que é o único que lhe cumpre tutelar.

10 de Abril de 2003

O CABO ABERTO

Vital Moreira

O anúncio feito pelo presidente da ANACOM – a autoridade reguladora das comunicações entre nós – de obrigar a Portugal Telecom (PT) a abrir mão da rede de cabo é uma das mais notáveis medidas regulatórias tomadas nos últimos anos entre nós. Primeiro, pelo seu impacto, pois não é todos os dias que um regulador força um grande operador, titular de uma rede, a desfazer-se desta. Segundo, pela sua ousadia, pois não é vulgar uma investida destas do regulador contra o principal e mais poderoso protagonista do mercado de telecomunicações.

A liberalização das "utilities" baseadas em rede, como é o caso das telecomunicações, coloca sempre o problema da abertura da rede. Não sendo viável a multiplicação das redes, uma por cada concorrente, dados os custos incomportáveis e o desperdício inerente, a abertura à concorrência ocorreu em geral pelo acesso dos novos operadores à rede existente, obrigando o antigo operador público ou concessionário a disponibilizar o uso da sua rede, mediante o pagamento das "portagens" adequadas. Na generalidade dos casos, as directivas europeias que determinaram a liberalização dos antigos monopólios públicos – electricidade, gás, telecomunicações, etc. – bastaram-se com essa garantia de "direito de passagem" ou "direito de acesso de terceiros à rede (ATR)" em condições não discriminatórias, de modo a colocar todos em condições de igualdade. Para isso tornou-se necessária a desagregação ("unbundling") da contabilidade da gestão da rede por parte do operador "histórico", de forma a permitir um cálculo objectivo das tarifas a pagar pela utilização da rede, e a sua imputação em condições idênticas a si mesmo.

Em vários países europeus, a liberalização bastou-se com este desdobramento contabilístico dentro do operador histórico, entre a actividade de gestão da rede e a actividade de operador. Porém, noutros países foi-se mais além, dadas as limitações daquela solução. Nuns casos deu-se a desagregação empresarial, com a autonomização institucional da gestão da rede, que foi entregue a uma nova empresa separada do operador, mesmo se pertencendo ao mesmo grupo deste. Noutros casos não se ficou por aí, separando-se efectivamente a rede e o operador, ficando aquela confiada a uma empresa economicamente distinta e autónoma e passando o segundo a ser apenas um cliente da nova empresa gestora da rede, nos mesmos termos dos demais operadores.

Em Portugal a preferência foi em vários casos para a solução mais radical, com separação empresarial da gestão da rede em relação ao operador histórico do correspondente sector. Assim sucedeu tanto em sectores já em vias de liberalização avançada (como na electricidade, com a autonomização da REN em relação à EDP) como nos sectores que ainda nem sequer iniciaram a liberalização (como sucedeu no gás natural, com a autonomização da Transgás em relação às distribuidoras, e nos transportes ferroviários, com a autonomização da REFER, em relação à CP, que ficou como simples operadora de transportes).

Entre as excepções conta-se porém o caso das telecomunicações, visto que tanto a rede básica de telecomunicações (a rede de cobre) como a nova rede de cabo ficaram sob a égide do operador histórico, a PT (no caso do cabo, através de uma filial, a PTM). A situação tornou-se ainda mais consolidada recentemente, quando o Estado resolveu alienar a rede básica à PT, que até aí dispunha dela apenas a título de entidade concessionária do serviço público de telecomunicações. A mesma acumulação se verificou no caso da rede de cabo, esta já construída pela PT, na medida em que o cabo, além da imagem, pode servir também de suporte à transmissão de voz, bem como de dados com largo débito. A expansão da Internet de banda larga veio valorizar sobremaneira a importância do cabo, pese embora a alternativa da ADSL através das linhas telefónicas tradicionais.

O processo de liberalização das telecomunicações, no que respeita à telefonia fixa, não foi bem sucedido, sendo marginal a quota de mercado dos novos operadores. Desde o início do processo de liberalização os novos operadores nesse mercado, bem como mais recentemente na Internet de banda larga, contestaram a acumulação das duas redes relevantes – a rede de cobre e a de cabo – nas mãos do principal operador de telefonia e de Internet. As razões de queixa estão ligadas não somente à posição de domínio que isso dá à PT (95% dos acessos) mas também ao efeito anticoncorrencial decorrente do chamado "efeito de rede" que leva os consumidores a preferir naturalmente o operador dominante, por causa justamente da rede integrada de serviços que ela pode oferecer.

Para além dos seus efeitos positivos sobre o mercado de telecomunicações, esta medida regulatória merece destaque por outro motivo, a saber, pela comprovação da assinalável autonomia dos reguladores sectoriais em relação aos operadores dominantes. Tal como a ERSE em relação à EDP, é agora o regulador das telecomunicações a demonstrar que ente nós o perigo da "captura" dos reguladores pelos regulados mais poderosos não se verifica. Por ambas as razões a iniciativa da ANACOM merece ser saudada.

24 de Abril de 2003

OS NOTÁRIOS E A CONCORRÊNCIA

Maria Manuel Leitão Marques

Há uns meses atrás, saudava-se aqui a aprovação na Assembleia da República da nova lei da concorrência, que criou a respectiva Autoridade. Mas como dizem os brasileiros, "há lei que pega e lei que não pega". E neste caso para "pegar" não basta a sua aprovação. Além do orçamento, é preciso que haja cultura de concorrência, quer da parte dos agentes económicos, quer das autoridades públicas responsáveis pela sua implementação.

No que diz respeito ao Governo, cabe-lhe não só proporcionar os meios para que a lei possa ser aplicada em boas condições, mas também não distorcer os seus objectivos, incluindo restrições graves e não justificadas à concorrência em outros diplomas legais.

Na verdade, as leis da concorrência aplicam-se a todas as actividades económicas desempenhadas por pessoas colectivas ou singulares, sejam públicas ou privadas. Incluem-se as profissões liberais, mesmo as profissões regulamentadas. Neste caso, as excepções permitidas devem ser as estritamente necessárias e adequadas à protecção de outros valores.

Por isso, dificilmente se pode compreender o projecto de regime jurídico de notariado que o Governo e maioria parlamentar apresentaram recentemente na Assembleia da República.

Com o objectivo de provocar um aumento significativo do número de notários e um serviço mais célere e eficiente transformam-se, supostamente, os notários em profissão liberal, pondo fim ao seu estatuto de funcionários públicos. Mas a reforma é bem pouco modernizadora e tudo menos liberalizadora. Seria, por exemplo, desejável que se introduzisse o princípio do controlo único de legalidade (e não dois, como actualmente), facultativo no caso dos notários, que assim seriam uma verdadeira profissão liberal. E mesmo que a liberalização não dispense o Estado e a futura ordem dos notários de definirem as condições de acesso à profissão, essa regulamentação nunca deveria incluir, ao contrário do que se prevê no projecto, algumas das mais graves restrições à concorrência: o princípio do *numerus clausus* ou da contingentação, a definição de zonas territoriais exclusivas e, para completar o ramo, a fixação de preços. O número, o mapa territorial e os preços ficam a cargo do Governo e da ordem dos notários.

Nem se argumente que há países europeus que fazem o mesmo, porque também há vários outros, como a Holanda, onde isso não acontece. E o relatório recentemente encomendado pela Comissão Europeia, sobre "O impacto económico da regulamentação no domínio das profissões liberais", incluindo os notários e os advogados, concluiu precisamente que onde há menos regulamentação e mais concorrência existe um maior número de profissionais em exercício que geram em conjunto um volume de negócios superior em termos relativos, mesmo que os preços dos serviços sejam mais baixos.

Seria bom que a liberalização de uma profissão, com a qual se procura activar mecanismos de mercado que melhorem o serviço prestado e beneficiem os consumidores, não começasse da pior maneira, sabendo-se como será difícil depois voltar atrás. Seria óptimo que os agentes económicos e as suas associações, que tanto reivindicaram a reforma da legislação da concorrência e se queixaram do actual sistema de notariado, manifestassem activamente a sua opinião. E pelo menos espera-se que a nova Autoridade da Concorrência aproveite para mostrar a sua independência e não fique a ver a lei passar!

8 de Maio de 2003

A REGULAÇÃO DAS FUNDAÇÕES

Vital Moreira

A questão da (des)regulação das fundações deveria voltar à agenda política pública. De facto, o panorama das fundações entre nós não pode deixar de suscitar séria preocupação.

Primeiro, há uma proliferação de fundações sem o mínimo de meios financeiros apropriados e sem capacidade para levar a cabo as suas missões, dada a excessiva permissividade da lei e a inexistência de formas alternativas de as pessoas com meios dedicarem bens ou rendimentos a fins benévolos. A esmagadora maioria das nossas fundações não têm condições para existir como entidades fundacionais independentes.

Segundo, é manifesto o frequente abuso da forma fundacional, dados os seus benefícios fiscais e outros, como forma de iniciativas empresariais pouco transparentes nas mais diversas áreas, como por exemplo na área do ensino superior (vide o caso da Universidade Moderna). Muitas delas são falsas fundações, criadas essencialmente para aproveitamento do seu estatuto fiscal.

Terceiro, existe uma multiplicidade de regimes jurídicos concorrentes (Código Civil, estatuto das IPSS, etc.) e de interfaces da Administração para efeitos de reconhecimento e de controlo das fundações (Ministérios da Administração Interna, dos Assuntos Sociais, da Saúde, do Ensino Superior, etc.).

Quarto, deu-se uma multiplicação de fundações instituídas por entidades públicas, especialmente a nível municipal e das universidades, que não passam de prolongamentos da Administração pública sob formas de direito privado. As fundações tornaram-se uma das manifestações mais evidentes da "fuga para o direito privado" por parte da Administração pública.

Por último, o sector padece de enorme opacidade e de défice de conhecimento e de controlo público, quer quanto ao cumprimento dos requisitos do estatuto de "utilidade pública" das fundações, quer inclusive quanto ao cumprimento das missões estatutárias, com casos notórios de desvio de fins.

Há poucos anos, a pedido do Governo PS de então, um grupo de trabalho estudou e propôs uma revisão global do regime jurídico-institucional do sector. O pacote legislativo era composto por três peças, a saber: primeiro, a revisão do regime actualmente estabelecido no Código Civil, prevendo entre outras coisas a possibilidade de fusão de fundações; segundo, a criação de um regime autónomo para as fundações instituídas por entidades públicas ao abrigo do direito privado, visto que o regime civil não se lhes pode ser aplicado em globo; por último, a criação de uma autoridade pública independente, que unificasse num só organismo todas as funções de reconhecimento, registo, fiscalização e supervisão de todo o sector.

Face às resistências geradas, os projectos ficaram na gaveta. Desconhecem-se as intenções e orientações do actual Governo a esse propósito. Entretanto, a situação não faz senão piorar. Há dias um jornal diário dava conta do ritmo de reconhecimento oficial de novas fundações, bem como da falta de transparência do seu regime fiscal e financeiro.

A verdade é que o assunto é espinhoso sob vários pontos de vista, pelo que a sua abordagem exige coragem política e determinação. Os interesses em jogo são influentes e, por diferenciados que sejam, estão unidos na rejeição da fiscalização pública, que consideram "ingerência". As grandes fundações são um Estado dentro do Estado, embora sejam também, deve dizer-se, as mais expostas publicamente, e provavelmente aquelas em que a auto-regulação é mais eficaz. Muito mais opaca é a situação da miríade de pequenas e médias fundações, muitas delas sem vida institucional regular, com destaque para o grande número de instituições da Igreja Católica que beneficiam do privilegiado regime canónico. O próprio Estado está pouco interessado numa clarificação da situação. Para além das fundações universitárias e municipais, existem várias importantes fundações que dão cobertura a parcerias público-privadas do Estado, em várias áreas, designadamente na área cultural (por exemplo a Fundação de Serralves).

E no entanto, existem três razões fundamentais que justificam uma regulação e supervisão pública das fundações. Primeiro, nas fundações não existe, em geral, um controlo endógeno, como sucede nas associações e sociedades; segundo, elas não estão sujeitas ao controlo externo do mercado, como as empresas; terceiro, elas beneficiam de generosas prerrogativas e benefícios públicos. Por isso, este sector deveria ser caracterizado por um elevado grau de transparência e "accountability" pública.

As fundações e o chamado "sector não lucrativo" *(non profit)*, em geral, têm um papel cada vez mais relevante na sociedade e na economia dos países mais desenvolvidos, quer em termos dos serviços por elas prestados nas mais diversas áreas, quer pelo volume de emprego por que são responsáveis. Devem ser obviamente encorajadas e apoiadas. Mas não devem servir de capa a iniciativas empresariais apócrifas nem de fuga às responsabilidades públicas.

22 de Maio de 2003